总　序

　　2008 年，金融危机在美国全面爆发并迅速通过股市、债市、汇市、贸易、投资等渠道快速扩散到了与美国经济金融关系紧密的欧洲，因此欧洲很快也陷入了严重的债务危机之中。同时，金融危机也蔓延到了整个世界，新兴市场国家和发展中国家也深受其害。为减轻不利影响，世界各国都采取了积极应对之策以稳定金融秩序、刺激经济增长。美联储在一年左右时间连续降息 10 次后使联邦基金利率为零，奥巴马总统上台不到一月就签署了总额为 7870 亿美元的经济刺激计划；我国的反应更快，在美国金融危机尚未全面爆发之时，国务院已于 2008 年 11 月出台了十项措施，投资 4 万亿人民币刺激经济增长；欧盟建立了一个总额为 7500 亿欧元的救助机制以遏制债务危机的进一步扩散并捍卫欧元。总之，世界各国、各区域都采取了积极救市政策，试图缓解和控制金融危机的扩散。

尽管如此，2008 年的全球金融危机还是给全世界的金融、经济、政治等各方面都带来了很多负面影响，而且这些影响是长期的、深刻的。以欧洲为例，直到 2012 年，欧洲债务危机仍然十分严重，欧洲经济疲软、失业率居高不下。其他地区和国家的具体情况可能有所不同，但总体而言 2008 年的全球金融危机发生多年后，世界金融市场并不稳定，经济增长仍然乏力，失业率依然较高，有些国家还出现了政治动荡，全球治理更加失序。

在这样的历史背景下，联合国和其他国际组织以及很多国家都提出了一些帮助世界稳定金融秩序、促进经济增长、完善全球治理的倡议和方案。也正是在这样的国际大背景下，结合中国进入新时代后构建全面对外开放新格局的需要，习近平总书记利用他 2013 年秋对哈萨克斯坦和印度尼西亚进行国事访问的机会，先后提出了共建丝绸之路经济带和 21 世纪海上丝绸之路的重大倡议，合称"一带一路"倡议。

习近平总书记提出共建"一带一路"倡议的基本思路，就是用创新的合作模式，通过共同建设丝绸之路经济带和 21 世纪海上丝绸之路，加强欧亚国家之间以及中国与东盟国家之间乃至世界各国之间的政策沟通、设施联通、贸易畅通、资金融通、民心相通，从而使世界各国之间的经济联系更加紧密、相互合作更加深入、发展空间更加广阔。从经济方面来看，通过共建"一带一路"，加强世界各国的互联互通，更好地发挥各国比较优势，降低成本，促进全球经济复苏；从总体上讲，参与共建各方坚持丝路精神，共同把"一带一路"建成和平之路、繁荣之路、开放之路、创新之路、文明之路，把"一带一路"建成互利共赢、共同发展的全球公共产品和推动构建人类命运共同体的实践平台。

在共建"一带一路"倡议提出五年多时间并得到世界绝大多数国家和国际组织认可、支持并积极参与共建的良好形势下，习近平总书记在 2019 年 4 月举行的第二届"一带一路"国际合作高峰论坛上又进一步提出了高质量共建"一带一路"的系统思想，包括秉承共商共建共享原则，坚持开放、绿色、廉洁理念，努力实现高标准、惠民生、可持续目标等十分丰富的内容，得到了参会 38 国元首、政府首脑和联合国秘书长、国际货币基金组织总裁以及广大嘉宾的高度认可。这标志着共建"一带一路"开启了高质量发展新征程，主要目的就是要保障共建"一带一路"走深走实，行稳致远，实现可持续发展。

面对 2020 年出现的新冠疫情全球大流行的新情况，习近平总书记提出要充分发挥共建"一带一路"国际合作平台的积极作用，把"一带一路"打造成团结应对挑战的合作之路、维护人民健康安全的健康之路、促进经济社会恢复的复苏之路、释放发展潜力的增长之路；2021年4月，习近平总书记又提议把"一带一路"建成"减贫之路"，为实现人类的共同繁荣作出积极贡献。

随着共建"一带一路"的国际环境日趋复杂、气候变化等国际性问题更加凸显，习近平总书记从疫情下世界百年未有之大变局加速演变的现实出发，在2021年11月举行的第三次"一带一路"建设座谈会上，就继续推进共建"一带一路"高质量发展问题提出了有针对性的新思想。重点是两个方面的内容：一方面，坚持"五个统筹"，即统筹发展和安全、统筹国内和国际、统筹合作和斗争、统筹存量和增量、统筹整体和重点，全面强化风险防控，提高共建效益；另一方面，稳步拓展"一带一路"国际合作新领域，特别是要积极开展与共建国家在抗疫与健康、绿色低碳发展与生态环境和气候治理、数字经济特别是"数字电商"、科技创新等新领域的合作，培养"一带一路"国际合作新增长点，继续坚定不移地推动共建"一带一路"高质量发展。

在我国成功开启全面建设社会主义现代化国家新征程、向第二个百年奋斗目标进军的关键历史时刻，习近平总书记在中国共产党第二十次全国代表大会上又一次明确指出，推动共建"一带一路"高质量发展。

为了全面、准确理解习近平总书记关于高质量共建"一带一路"的系统思想，完整、系统总结近十年来"一带一路"建设经验，研究、展望高质量共建"一带一路"发展前景，北京师范大学一带一路学院组织撰写了这套《高质量共建"一带一路"丛书》，对"一带一路"基础设施建设、"一带一路"与工业化、"一带一路"贸易发展、"一带一路"金融合作、绿色"一带一路"、数字"一带一路"、"一带一路"与新发展格局、"一带一路"与人类命运共同体、"一带一路"投资风险防范等问题进行深入的专题调查研究，形成了目前呈现在读者面前的这套丛书，希望为广大读者深入理解高质量共建"一带一路"从思想到行动的主要内容和实践探索提供参考，同时更期待大家的批评指正，帮助我们今后在高质量共建"一带一路"方面取得更好的研究成果。

2021 年中国共产党隆重地庆祝百年华诞，2022 年党的二十大的召开，对推进我国社会主义现代化强国建设都具有十分重要的战略意义；今年也是北京师范大学成立一百二十周年。因此，我们出版这套丛书，对高质量共建"一带一路"这样一个重大问题进行深入探讨，很显然也具有重要且独特的历史意义。北京师范大学出版集团党委书记吕建生先生、副总编辑饶涛先生、策划编辑祁传华先生及其团队成员都非常积极地支持这套丛书的出版，并为此而付出了大量时间，倾注了大量心血，对此我们表示衷心感谢！我们的共同目标就是希望用我们的绵薄之力，为推动共建"一带一路"高质量发展、为实现中华民族伟大复兴以及为推动构建人类命运共同体而作出应有的贡献。

王守军　胡必亮

2022 年 10 月 26 日

目　录

第一章 | 绪 论

一、引言

发端于英国并很快在全球扩散的工业革命带来了物质财富的极大增长，人类社会也从此进入了工业文明时代。这也是《共产党宣言》里所描述的"资产阶级在它的不到一百年的阶级统治中所创造的生产力，比过去一切世代创造的全部生产力还要多，还要大"的直接原因。自工业革命以来，人们几乎从未怀疑过工业化（Industrialization）给国家发展带来的巨大促进作用。我们甚至更简明直白地称发达国家（Developed Country）为"工业化国家"或者"工业国"（Industrialized Country）。工业化成为财富、经济发展、技术领先、政治权力和国际主导地位的代名词。[①] 这足以表明工业化在国家发展中的独特地位和巨大作用。

第一次工业革命期间，英国经济迅速增长。据估计，1600 年到 1700 年，英国 GDP 总值增长了 98.08%，年均增长率仅为 0.98%；而 1700 年到 1820 年，英国 GDP 增长了 239.88%，GDP 增长率提高了一倍还多，年均达到 2.40%。[②] 工业革命传播到美国以后，也极大地推动了美国经济的发展，使其经济增长率超过英国。据统计，1820 年以前，美国 GDP 年均增长率仅为 0.86%。[③] 而自 1820 到第一次世界大战前的 1913 年，美国 GDP 年平均增长达到 4.03%，远超过英国同期的 1.85%。[④] 包括德国、法国、意大利、日本等国家在内的主要经济体均经历了大致类似的工业化历程，并在第一次和第二次工业革命后成功走在了全球工业化发展的前列[⑤]，成为全球主要的发达国家。

[①] Szirmai A，"Industrialisation as an Engine of Growth in Developing Countries，1950—2005，"*Structural Change and Economic Dynamics*，no. 4(2012).

[②] 作者根据 Maddison Project Database(2020)测算。

[③] 马晓河：《美国经济崛起过程中的城市化及对中国的启示》，《经济纵横》2020 年第 1 期。

[④] 作者根据 Maddison Project Database(2020)测算。

[⑤] 胡必亮：《工业化与新农村——山西屯瓦村个案研究》，重庆出版社 2010 年版。

也正是由于工业化的原因，全球被划分为贫穷国家和富裕国家。

（一）结构主义及其实践

一般地，工业化被认为是工业或第二产业（尤其是制造业）产值在国民经济中的比重不断上升，同时工业（尤其是制造业）就业人数在总就业人数中比重不断上升的过程。其伴随过程是农业产值在国民经济中的比重不断下降，且农业就业人数在总就业人数中的比重不断下降。发展经济学界也将其称为"结构转型（Structural Transformation）"过程，即指生产资源或要素逐渐由生产效率较低的农业经济领域转移到生产效率相对较高的工业或服务业经济领域，或者从传统经济领域转移到现代经济领域的过程。[①] 例如，Lewis 与 Ranis 和 Fei 从理论上对工业化发展过程进行了详尽研究，奠定了二元经济结构理论的基础。根据他们的观点，一国经济部门可以分为低生产效率的传统农业部门和高生产效率的现代工业部门，由于传统农业部门受边际劳动产出递减规律及农业产品缺乏收入弹性的影响而存在无限劳动力剩余，经济发展就是把劳动力从传统农业部门向现代

① Kuznets S, *Economic Growth of Nations: Total Output and Production Structure* (Cambridge: Harvard University Press, 1971); Chenery H, Robinson S, Syrquin M and Feder S, *Industrialization and Growth: A Comparative Study* (New York: Oxford Press, 1986); Alvarez-Cuadrado F and Poschke M, "Structural Change Out of Agriculture: Labor Push versus Labor Pull," *American Economic Journal: Macroeconomics*, no. 3(2011).

工业部门转移的过程。① 基于发达国家发展经历的这种"结构主义(Structuralism)"思想几乎成了第二次世界大战后发展中国家实现赶超发展的"金科玉律"。

经济全球化深入推进的背景下，20世纪50至70年代，实现民族独立的广大发展中国家为实现快速经济发展，普遍在结构主义思想的指导和有为政府的引导下实施了工业化发展战略。但这些国家基于不同的考虑，采取了不同的工业化模式。一种是进口替代型工业化模式②，强调发展资本密集型工业(尤其是重工业)，如改革开放前的中国，以及印度、巴西、墨西哥等。这些发展中国家目睹了20世纪30年代苏联重工业经济的迅猛发展及其与西方资本主义经济体在大萧条中挣扎的现实形成的鲜明对比，因此采用了以政府计划为主导的进口替代发展模式。另一种是出口导向型工业化模式③，强调劳动密集型工业(尤其是轻工业)发展，如中国香港、中国台湾、新加坡和韩国等经济体。这些经济体以当时发达国家产业转移为契机，充分利用自

① Lewis W A, "Economic Development with Unlimited Supplies of Labor," *Manchester School of Economic and Social Studies*, no. 2(1954)；Ranis G and Fei J C, "A Theory of Economic Development," *American Economic Review*, no. 4(1961).

② 指限制某些外国工业品进口，促进国内有关工业品的生产，逐渐使国内产品替代进口产品，为本国工业发展创造有利条件，实现工业化。

③ 指用工业制成品和半制成品的出口来替代传统的初级产品的出口，以增加外汇收入，带动国内工业化发展和经济增长。

身比较优势，积极推行贸易自由化政策。这两种工业化模式的国际实践取得了截然不同的结果。采取前一种工业化模式的国家普遍没有实现其想要的经济增长，如 1960 年印度人均 GDP 为 302.67 美元，到 1980 年增长为 387.64 美元，增长极其缓慢，遑论实现工业化；而实行后一种工业化模式的国家却实现了经济的快速发展，如韩国 1960 年人均 GDP 为 1027.47 美元，到 1980 年达到 4055.79 美元，增长了 3 倍左右，走上了快速工业化道路。[1]

(二)对结构主义的反思：华盛顿共识 vs 新结构经济学

这样的国际发展实践促使学术界对以往的"结构主义"思想进行反思。一种反思是根植于苏联解体和东欧剧变所带来的反计划主义，以及西方发达国家为应对 20 世纪 70 至 80 年代经济"滞胀(Stagflation)"问题[2]所采取的新自由主义的思路，也即推崇自由化、私有化、市场化，倡导减少政府对经济的干预。其中，以 20 世纪 80 年代后期到 90 年代"华盛顿共识"在应对拉丁美洲经济体所面临的债务危机和经济困境的推广为代表。[3] 但

---

[1]　数据来源：世界银行，人均 GDP 以 2015 年不变价美元计。

[2]　是指 20 世纪 70—80 年代以英美为代表的西方发达国家所面临的经济增长缓慢或停滞及失业大量增加与通货膨胀加剧、物价持续上升并存的局面。

[3]　Williamson J，"What Washington Means by Policy Reform，"in *Latin American Adjustment：How Much Has Happened？*，ed. Williamson J（Washington DC：Institute for International Economics，1990）.

华盛顿共识并没有为拉丁美洲国家带来快速的经济恢复，相反
却导致了收入分配不均及失业增加的问题。1990 年，拉丁美洲
及加勒比地区人均 GDP 为 5803.82 美元，到 2000 年也仅增长
至 6611.47 美元，年均增长率仅为 1.38%。但失业率却从
1991 年的 6.12% 上升到 1999 年的 9.14%。① 所以有些学者把
发展中国家在 20 世纪 80 至 90 年代的这二十年称作"迷失的
二十年"。另一种反思是基于中国及部分东亚经济体的发展实
践。以林毅夫为代表的发展经济学家提出了"新结构主义（Neo-
structuralism）"理论，并将其称为"发展经济学的第三波思潮"。
与新古典主义贸易理论较为一致的是，新结构主义理论认为结
构转型应该尊重一国或地区要素禀赋决定的比较优势，发展中
国家的工业化政策也应该内生于其资源禀赋的比较优势。② 正
是因为充分利用了劳动力资源丰裕的比较优势，改革开放后的
中国和部分东亚经济体才实现了快速的工业化发展。

（三）去工业化及其发展

新结构主义思想的提出并没有终止关于工业化和结构转型
的讨论，相反，最新的国际发展实践为发展经济学者提供了新

① 数据来源：世界银行，人均 GDP 以 2015 年不变价美元计。
② 林毅夫：《新结构经济学——重构发展经济学的框架》，《经济学（季刊）》
2011 年第 1 期；Lin J Y, *New Structural Economics: A Framework for Rethin-
king Development and Policy*(Washington DC: World Bank Publications, 2012)。

的可供探讨的素材。20 世纪 80 年代以来，一些发展中国家在实现工业化之前正在经历"过早去工业化（Premature Deindustrial-ization）"的问题，也即这些国家远没有达到发达国家的收入水平却出现了类似发达国家的"去工业化（Deindustrialization）"趋势。"去工业化"原本是用来描述发达国家为实现产业结构升级和成本节约所导致的制造业增加值占 GDP 比重与制造业就业占总就业比重不断下降的现象。例如，自 20 世纪 50 年代以来，美国制造业在经济中的比重稳步下降，就业占比从 30% 以上下降到如今的 9% 左右[①]；增加值占比从 25% 以上下降到 10% 左右。[②] 英国的去工业化也存在类似的现象，制造业就业占比从 20 世纪 70 年代的 30% 左右下降到约 10%；增加值占比则从 25% 左右下降到 15% 以下。[③] 但自 20 世纪 80 年代以来，一些亚洲、非洲以及拉丁美洲的发展中国家靠 50 至 60 年代的出口替代工业化战略和贸易保护政策发展起来的羸弱制造业也在经历萎缩的趋势。例如，巴西制造业增加值占比从 1984 年的 34.27% 下降到 2020 年的 9.77%；在南非，该比值从 1981 年的 22.61% 下降到 2020 年的 11.74%。[④] 而这些国家的结构转型主

---

① 数据来源：St. Louis Fed.

② 该增加值占比以名义 GDP 计算。若以实际 GDP 计算，该占比则稳定在 12% 的水平。数据来源：St. Louis Fed.

③ Rodrik D，"Premature Deindustrialization，" *Journal of Economic Growth*，no. 1(2016).

④ 数据来源：世界银行。

要体现在农业部门的萎缩以及服务业部门的增长，进而产生了
"没有工业化的结构转型（Structural Change without Industriali-
zation）"和"没有工业化的城市化（Urbanization without Industri-
alization）"的问题。①

  一方面，基于传统的国际发展经验，学者们倾向于认为这
种过早去工业化，尤其是作为技术创新源泉之一和吸收农业劳
动力转移重要领域的制造业发展的萎缩，可能会阻碍经济增长
和国家结构转型，并延缓追赶发达经济体的进程。② 另一方面，
21 世纪以来，凭借后发优势和比较优势，新兴市场国家作为新
的全球经济增长动力③，逐渐在国际舞台上发挥着越来越重要
的作用④，其工业化发展路径和结构转型过程也展现出不同的
特征。McMillan 等研究发现结构转型对经济发展的作用在经济
体间存在很强的异质性，并认为"我们不应为部门间结构转型的

---

  ① Carmignani F and Mandeville T，"Never been Industrialized：A Tale of
African Structural Change,"*Structural Change and Economic Dynamics* 31(2014)；
Gollin D，Jedwab R and Vollrath D，"Urbanization with and without Industrializa-
tion,"*Journal of Economic Growth* no. 1(2016)；Zhang K，"Economic Structural
Transformation in Emerging Market Countries,"*Global Journal of Emerging Mar-
ket Economies*，no. 2(2021).

  ② Rodrik D，"Premature Deindustrialization,"*Journal of Economic Growth*，
no. 1(2016).

  ③ 胡必亮、周晔馨、范莎：《全球经济格局新变化与中国应对新策略》，《经
济学动态》2015 年第 3 期。

  ④ 胡必亮、唐幸、殷琳、刘倩：《新兴市场国家的综合测度与发展前景》，
《中国社会科学》2018 年第 10 期。

一般模式在今后的国际发展中发挥较弱的作用而感到惊讶"。例如，工业化在印度、尼日利亚、赞比亚对经济增长的贡献比在改革开放后的中国和越南要小得多，且以往通过一般模式的工业化实现快速经济增长的路径对于大多数发展中国家而言可能是遥不可及的。[①] 发展劳动密集型工业也不一定是今后发展中国家的可行且必要的选择。[②]

二、问题的提出

（一）发展中国家工业化面临挑战

那么，这样的新发展实践是否意味着一些发展中国家可以绕过工业化发展阶段而实现经济的持续增长呢？也即工业化是否还是我们常说的国家发展的"必由之路"呢？至少目前来看，工业化仍被视为经济可持续发展和社会稳定的重要条件。从经济发展角度看，工业，尤其是制造业在技术进步、产业关联性、

[①] McMillan M，Rodrik D and Sepulveda C，*Structural Change*，*Fundamentals*，*and Growth*：*A Framework and Case Studies*（Washington DC：World Bank Publications，2017）.

[②] 郑宇：《全球化、工业化与经济追赶》，《世界经济与政治》2019 年第 11 期。

可贸易性方面相较于其他产业有绝对优势，可以成为经济持续增长的源泉；从社会和政治稳定方面讲，制造业提供就业的能力，尤其是吸收低技能劳动力的能力较强，能为人们提供相对稳定的收入来源，减少社会的动荡和政治的不稳定。从国际贸易角度讲，由于中心—外围国际格局的存在，发展中国家往往在国际贸易中处于不利地位。发展中国家商品出口往往以初级产品（如农产品、原材料等）为主，发达国家商品出口则以工业制成品为主，而由于初级产品的需求弹性相对较小（见第二章第一部分的讨论），初级产品对制成品的价格比有不断下降趋势，也即初级产品对制成品的贸易条件（Terms of Trade）存在不断恶化的趋势，要扭转发展中国家在国际贸易中的这一不利地位，工业化发展似乎也无法逃避。

自 20 世纪 50 年代始，在经济发展方面获得成功的典型发展中国家主要都是工业化驱动的，且所有东亚经济体的成功故事都是工业化的故事。[①] 而一些发展中国家"过早去工业化"很大程度上影响了其经济的持续增长。如 20 世纪 80 年代以来，巴西经济发展去工业化和服务业化趋势明显，使得巴西近几十年来一直苦苦挣扎于中等收入国家的行列。发达国家对去工业化的反应也从一个侧面验证了工业化的重要性。20 世纪 60 年

---

① Szirmai A，"Industrialisation as an Engine of Growth in Developing Countries，1950—2005，"*Structural Change and Economic Dynamics*，no. 4(2012).

代以来，主要发达国家已经意识到过度去工业化所带来的问题，尤其是 2008 年金融危机爆发后，纷纷开始反思过去的制造业国际转移和"重服务轻制造"的发展思路，并掀起了一股"再工业化"①的浪潮，其中以美国最为典型。金融危机爆发后，面对经济增长停滞和失业率居高不下的压力，奥巴马政府先后颁布了《重振美国制造业框架》《美国制造业促进法案》等旨在实现"再工业化"以重振美国经济的政策文件。特朗普政府的"让美国再次伟大"的主要政策口号，也一定程度上延续了大力发展制造业的"再工业化"思路，以应对蓝领阶层对制造业外流，以及贫富差距不断扩大的不满。类似的政策在现任拜登政府中仍在继续。因此，全球范围内重新重视制造业并鼓励"产业链回流"，已经成为当今逆全球化趋势的重要脚注。

由此可见，无论是基于过去的国际发展经验还是当今世界的经济竞争现实，工业化仍被视为实现经济快速持续发展的主要路径（如果不是唯一路径的话）。那么，接下来的问题是：当今发展中国家如何应对过早去工业化的问题，走上工业化的发展道路？进而走上什么样的工业化发展道路？

以往发展中国家实现赶超发展的经验显示，除一国内部工业

---

① "再工业化"一词产生于 20 世纪 60 年代，起因于第三次科技革命带来的计算机技术、信息技术、空间技术等的快速发展与应用，以及新兴产业给传统工业部门带来的巨大冲击。在这样的背景下，1968 年版的韦伯斯特词典对再工业化的解释是"一种刺激经济增长的政策，是通过政府帮助来实现旧工业部门复兴的现代化，并鼓励新兴工业部门的增长"。

化政策选择外，经济全球化在这些国家的工业化过程中扮演了重要角色。一方面，经济全球化所带来的国际交流与融合有利于知识的溢出，进而推动发达国家先进技术流入发展中国家，进而实现后者生产效率的提高；另一方面，经济全球化可以实现产业在全球范围内的分工，带来资源配置效应：发达国家专注于资本技术密集型产业，发展中国家集中于劳动密集型产业，进而促进后者的工业化发展。但一方面随着科技水平的进步和生产效率的提高，依靠劳动密集型产业发展的工业化对发展中国家来讲更加困难；另一方面，在国际疫情反复和逆全球化深入发展的今天，发展中国家工业化问题变得尤其棘手。大流疫导致了短缺经济的出现，全球产业链饱受冲击，世界各国经济复苏压力巨大，进而加剧了逆全球化的进程，各国纷纷鼓励产业回流。这对于发展中国家而言影响更甚。世界银行报告预测，鉴于财政政策空间有限，持续的通胀压力、金融脆弱性加剧，发展中国家经济"硬着陆"的风险正在增加。当时预计，2022 年新兴市场和发展中经济体增长率将从 2021 年的 6.3％降至 4.6％，2023 年降至 4.4％。2023 年，发达经济体的产出将恢复到疫情前水平，而新兴和发展中经济体的产出将比疫情前低 4％，脆弱国家和小岛屿国家的产出将比疫情前低 7.5％至 8.5％。[①] 在这样的背景下，仅靠发展中国家自

---

① World Bank，*Global Economic Prospects*，*January 2022*（Washington DC：World Bank Publications，2022）. 可获取于世界银行官方网站。

身的力量很难走上工业化道路，也就难以最终实现新古典经济学理论中所预期的发展趋同（Convergence）。[①]

（二）发展援助及其发展

其实第二次世界大战以来，发达国家在帮助发展中国家经济发展方面做了不少努力，但从经济发展角度看，收效并不显著。[②] 1960 年，经济合作与发展组织（OECD）下属机构援助发展委员会（Development Assistance Committee，DAC）[③]成立，以协调发达国家的对发展中国家援助政策。DAC 于 1969 年正式采用官方发展援助（Official Development Assistance，ODA）的概念，建议援助国将国民生产总值（GNP）的 0.7% 用于对外援助[④]，由此形成了一个制度化的发达国家国际援助体系。[⑤] 根据

[①] 根据新古典经济学理论，随着技术和资本从发达国家向发展中国家扩散，发展中国家的劳动生产率和产出的增长速度都会高于发达国家，从而缩小国家间发展差距，最终达到发展趋同。

[②] De Mesquita B B and Smith A，"A Political Economy of Aid，"*International Organization*，no. 2（2009）.

[③] DAC 前身为 DAG（Development Assistance Group），它于 1960 年 1 月 13 日在欧洲经济合作组织（经济合作与发展组织的前身）特别经济委员会会议上成立，并于 1961 年改称为 DAC。

[④] 1993 年后，由于国民经济核算制度的调整，国民总收入（GNI）的概念替代了 GNP 作为计算援助比例的基准。但从实际结果上看，0.7% 的比例基准在援助总量层面很难达到。

[⑤] 郑宇：《援助有效性与新型发展合作模式构想》，《世界经济与政治》2017 年第 8 期。

DAC 的数据统计，1960—2020 年，发达国家总共向发展中国家提供了 4.8 万亿美元的官方发展援助资金（见表 1.1）。[①]

但基于新古典经济学理论，试图通过资金援助直接补充发展中国家的投资缺口、改善其国际收支状况的努力并没有取得预想的效果。到了 20 世纪 70 年代，发展中国家反而呈现出经济增长放慢、贫困人口持续增加的局面。新增长理论认为在没有技术进步的情况下，资本的持续投入对经济产出具有边际递减效应，因此对外援助对经济增长的推动作用也会呈现边际递减趋势。这使得发达国家对对外援助的方式进行了反思，认为只有能够提高劳动生产率的对外援助，才能推动发展中国家经济持续发展。因此，救助贫困和教育以提高发展中国家人力资本水平成为发达国家援助的主要目标，但成效也并不显著。20 世纪八九十年代以后，新自由主义和新制度主义理论逐渐占据主流话语权。此时，主流理论认为受援国的国内制度和政治环境是影响对外援助成效的关键因素。因此，发达国家及其主导的国际机构开始了附加条件的对外援助方案。例如，为应对拉美债务问题，美国政府和国际货币基金组织（International Monetary Fund，IMF）等国际机构提出的"华盛顿共识"，要求拉美发展中国家限制政府权力，放开市场管制，但也并没有实现最初的预期；非洲国家在 1980—1990 年接受了 31 笔世界银

[①] 数据可获取于 OECD 官方网站。

表 1.1 主要发达国家的官方发展援助金额及其占 GNI 比重（1960、1980、2000、2020 年）

对外援助国	1960 年		1980 年		2000 年		2020 年	
	金额/亿美元	占 GNI 比重/%	金额/亿美元	占 GNI 比重/%	金额/亿美元	占 GNI 比重/%	金额/亿美元	占 GNI 比重/%
澳大利亚	5.86	0.37	17.25	0.48	20.22	0.27	25.82	0.19
奥地利	0.01	0.00	4.46	0.23	7.42	0.23	12.84	0.31
比利时	9.86	0.88	12.21	0.50	13.72	0.36	22.85	0.48
加拿大	4.44	0.16	27.22	0.43	28.12	0.25	49.54	0.30
丹麦	0.84	0.09	11.51	0.74	27.66	1.01	25.56	0.73
芬兰	0.00	0.00	2.49	0.22	6.09	0.31	12.23	0.47
法国	71.44	1.35	55.79	0.44	64.22	0.30	151.68	0.60
德国	17.12	0.31	75.15	0.44	79.00	0.27	279.76	0.74
意大利	9.27	0.22	18.32	0.15	23.17	0.13	42.19	0.23
日本	13.67	0.24	74.22	0.32	120.95	0.28	132.55	0.26
韩国	0.00	0.00	0.00	0.00	2.96	0.04	22.92	0.14
荷兰	4.87	0.31	34.22	0.97	52.48	0.84	51.43	0.59
挪威	0.66	0.11	12.3	0.87	22.26	0.76	46.6	1.11

续表

对外援助国	1960 年		1980 年		2000 年		2020 年	
	金额/亿美元	占 GNI 比重/%	金额/亿美元	占 GNI 比重/%	金额/亿美元	占 GNI 比重/%	金额/亿美元	占 GNI 比重/%
西班牙	0.00	0.00	4.04	0.08	20.44	0.22	26.5	0.22
瑞典	0.51	0.05	15.67	0.78	24.27	0.80	60.12	1.13
瑞士	0.68	0.04	7.52	0.24	16.32	0.32	35.25	0.50
英国	39.52	0.56	36.63	0.53	55.79	0.32	180.78	0.72
美国	186.22	0.54	189.56	0.27	143.14	0.10	347.25	0.16
OECD 国家总计	364.98	0.51	604.53	0.35	432.69	0.22	1568.29	0.32

注：数据来源于 OECD，其中美元以 2019 年不变价美元计，2020 年数据为初步数据统计。

行的结构调整贷款(Structural-adjustment Lending，SAL)。为获得这些贷款，非洲国家必须满足开放市场、减少政府对工业发展的投资和政策指导等条件。但最终结果却是原有的政府主导工业化模式被抛弃，而市场主导的工业化发展模式又没有建立。[①]

21 世纪以来的对外援助逐渐朝多边主义的方向发展，崛起的发展中国家也逐渐参与其中。为缓解全球发展不均衡，摆脱贫困问题，联合国于 2000 年 9 月制定了千年发展目标(Millennium Development Goals，MDGs)，并计划于 2015 年完成。其中设立了帮助发展中国家特别是最不发达国家发展的目标 8(MDGs 8)——全球合作促进发展，以建立一套基于多边合作的发展援助计划。根据 2015 年《千年发展目标报告》，2000 年至 2014 年，来自发达国家的官方发展援助实际值增长了 66%，达到 1352 亿美元。其中丹麦、卢森堡、挪威、瑞典和英国 2014 年的官方发展援助继续超过联合国制定的相当于国民总收入 0.7% 的具体目标。[②] 千年发展目标取得了一定成功，被称为有史以来最为成功的反贫困运动，帮助 10 亿多人摆脱了极端贫

---

① Stein H, "Deindustrialization, Adjustment, the World Bank and the IMF in Africa," *World Development*，no. 1(1992)；郑宇：《全球化、工业化与经济追赶》，《世界经济与政治》2019 年第 11 期。

② 见 2015 年《千年发展目标报告》，可获取于联合国网站。

困。[1] 但其在帮助发展中国家实现可持续的经济发展方面表现平平。继而，2015 年联合国大会第七十届会议通过了《2030 年可持续发展议程》，其呼吁世界各国为此后 15 年实现 17 项可持续发展目标而努力。17 项中的每一项都针对帮助和支持发展中国家作出了规划。例如，旨在"建造具备抵御灾害能力的基础设施，促进具有包容性的可持续工业化，推动创新"的目标 9（SDGs 9）就指出，向发展中国家提供更多的财政、技术和技能支持，以促进其开发有抵御灾害能力的可持续基础设施；支持发展中国家的国内技术开发、研究与创新，以实现工业多样化，增加商品附加值；大幅提升信息和通信技术的普及度。旨在"减少国家内部和国家之间的不平等"的目标 10（SDGs 10）也规定鼓励向最需要帮助的发展中国家提供官方发展援助和资金，包括外国直接投资。[2] 但在 2020 年以来的疫情冲击下，当今世界发展不平衡、不公平的问题更加突出，民粹主义、民族主义、保护主义的声音不绝于耳，这无疑给可持续发展议程目标和发展中国家工业化的实现带来巨大不确定性和挑战。

（三）作为新型发展合作模式的共建"一带一路"

人们逐渐意识到，虽然发展中国家的工业化发展很难靠单

---

[1] 　其中中国对全球减贫贡献率超过 70%。

[2] 　见《2030 年可持续发展议程》，可获取于联合国网站。

个国家的力量实现，但单纯的对外援助计划也无法达到预期的效果。2008 年全球金融危机以来，传统发达国家在全球经济中的地位逐渐势弱，减弱了其进行对外发展援助的动力，而随着以中国为代表的一批新兴市场国家和发展中国家的群体崛起，发展中国家之间的合作（如南南合作）成为新的选择，且在国际发展中发挥着日益重要的作用。[①] 有学者称之为"发展引导型援助"或"新型发展合作"。[②] 中国便是其中最重要的角色之一。中国是经济全球化的受益者，中国的工业化发展进程离不开经济全球化，因此也是经济全球化的坚定守护者。在反全球化深入发展和国际疫情反复冲击的背景下，"一带一路"倡议无疑对中国和世界经济发展具有独特的重要意义。与传统的对外援助不同，旨在推动经济全球化转型升级，促进全球互联互通，进而实现各国共同繁荣的中国"一带一路"倡议为发展中国家工业化发展提供了新的机遇。正如习近平总书记在庆祝中国共产党成立 100 周年大会上的讲话中所强调的，要"推动共建'一带一路'高质量发展，以中国的新发展为世界提供新机遇"[③]。

---

① UN Gap Task Force, *Taking Stock of the Global Partnership for Development* (New York: United Nations, 2015). 可获取于联合国网站；林毅夫、王燕：《超越发展援助：在一个多极世界中重构发展合作新理念》，北京大学出版社 2016 年版。

② 郑宇：《援助有效性与新型发展合作模式构想》，《世界经济与政治》2017 年第 8 期。

③ 习近平：《在庆祝中国共产党成立 100 周年大会上的讲话》，《求是》2021 年第 14 期。

加强国际合作，促进共同发展是"一带一路"倡议的核心命题。早在 2013 年，习近平在哈萨克斯坦纳扎尔巴耶夫大学发表以《弘扬人民友谊 共创美好未来》为题的重要演讲时就指出，"为了使我们欧亚各国经济联系更加紧密、相互合作更加深入、发展空间更加广阔，我们可以用创新的合作模式，共同建设'丝绸之路经济带'"。[①] 可以看出，"合作"和"发展"是其中的关键词。截至 2022 年 2 月 23 日，中国已经与 149 个国家和 32 个国际组织签署了共建"一带一路"合作文件。根据世界银行统计数据，这 149 个共建国家中有接近 80% 的国家为中等收入以下的国家；包括中国在内的 150 个"一带一路"共建国家的人均 GDP 均值为 8976.50 美元（现价美元，后同），仍低于世界平均水平（10925.73 美元）；这些国家在人口数量和国土面积方面，都超过了世界总量的 60%，但经济总量仅占到了世界总量的约 40%。因此，发展仍是共建"一带一路"国家的主题，"一带一路"倡议也就具有其独特的内在吸引力。

2022 年是"一带一路"倡议的第 9 个年头，持续扩大的"朋友圈"和国际影响力、一大批"促发展""惠民生"项目的落地、产业合作的持续深入、全球公共产品的提供及共建体制机制的理顺和完善等等，都标志着"一带一路"建设已经取得了"实打实，沉

[①] 习近平：《弘扬人民友谊　共创美好未来——在纳扎尔巴耶夫大学的演讲》，《人民日报》2013 年 9 月 8 日第 3 版。

甸甸"的成就。"一带一路"倡议从"理念"到"行动"再到"高质量共建"的发展脉络也逐渐为国际社会所熟知。一是"一带一路"倡议得到国际社会的广泛支持和参与,国际影响力也在不断扩大。二是一大批实实在在的项目落地,惠及了当地社会经济发展和民生建设。三是中国在海外建立的境外经贸合作区已有100多个,成为重要的发展合作平台。四是在促进相关国家发展的同时也为全球提供了诸多公共产品,如疫情之下,共建"一带一路"为抗击新冠疫情作出了重要贡献。到2021年年底,我国已累计向国际社会提供了约3720亿只口罩,超过42亿件防护服,84亿人份检测试剂,向120多个国家(其中多数是共建"一带一路"国家)和国际组织提供了超过20亿剂新冠肺炎疫苗,成为对外提供疫苗最多的国家。第五点,也是非常重要的一点,是高质量共建"一带一路"机制逐渐理顺。从"开放、绿色、廉洁"的共建理念,"政策沟通、设施联通、贸易畅通、资金融通、民心相通"的共建举措,到"高标准、惠民生、可持续"的共建目标,再到"共商共建共享"的指导原则,都在实践中日益成熟。

如前文所述,传统的工业化转型路径对大多数国家已经变得遥不可及,即便是在存在对外援助的条件下也是如此,但工业化又是发展中国家实现经济持续发展的重要路径。习近平总书记在博鳌亚洲论坛2022年年会开幕式上的主旨演讲中指出:"要坚持以人民为中心,把促进发展、保障民生置于突出位置……围绕减贫、粮食安全、发展筹资、工业化等重点领域推进务实合作，着力解决发展不平衡不充分问题……稳步推进全球发展倡议落地落实。"①接下来的问题是，共建"一带一路"国家工业化发展现状如何；有何特点和趋势；存在哪些问题；"一带一路"倡议作为一种"创新的发展合作模式"是否可以促进发展中国家工业化发展，如果可以，共建"一带一路"通过何种机制实现这种促进，以及能够促进发展中国家实现什么样的工业化路径等。这些将是本书重点关注的问题。

我们认为对这些问题的讨论是具有理论和现实意义的。从理论角度看，国际发展的新趋势对原有的发展经济学理论提出了新要求，理解发展中国家如何在新形势下实现工业化为发展经济学理论的发展提供了新契机。更重要的是，"一带一路"倡议是发展中国家主动参与和构建国际经济合作新秩序的思路和实践，该倡议下的发展中国家工业化为此提供了良好的研究素材。当前研究中，将"一带一路"倡议纳入发展经济学分析框架的研究依然不足，理论分析尤为匮乏。相关学者多从"一带一路"倡议的政策角度出发，以"一带一路"沿线国家为样本，借鉴已有理论框架，对相关问题进行经验评估。这样容易忽略"一带一路"倡议本身对促进发展中国家工业化的积极作用。进一步讲，容易忽略该倡议及其实施作为一个全球范围内独特社会经济现象的发展经济学理论意义。据笔者所知，本书是首次尝试把共建"一带

---

①   见 http://www.gov.cn/xinwen/2022-04/21/content_5686424.htm，访问日期：2022-10-18。

一路"问题放在发展经济学理论框架，系统分析共建"一带一路"国家所面临的问题，以及如何帮助发展中国家工业化发展的研究。希望能够为高质量共建"一带一路"提供理论依据。

从实践的角度讲，由于 2020 年年初以来新冠肺炎疫情的反复，全球供应链体系饱受冲击，短缺经济的影响预期将持续下去，再加上财政政策和货币政策效果渐弱，世界经济复苏态势将有所减弱。对于政策调整空间较小的新兴和发展中经济体来说，这一趋势更为显著。在这样的形势下，探讨高质量共建"一带一路"如何助力发展中国家工业化发展，既对世界经济复苏有独特的重要意义，也是中国扩大对外开放和构建国内国际双循环发展格局的现实要求，可以为高质量共建"一带一路"提供政策参考。

三、章节结构

本书以发展中国家工业化为主线，以"一带一路"倡议为依托，主要探讨发展中国家如何在新的国际经济形势下实现工业化发展之道，尤其是如何更好地结合作为新型国际发展合作的共建"一带一路"倡议，找到适合自身的工业化道路，以实现经济持续发展的问题。本书其余章节安排如下。

第二章对工业化相关理论进行回顾和梳理，并对发展中国家的工业化问题进行探讨，为后续对共建"一带一路"国家工业化的分析建立发展经济学理论框架。主要内容涉及工业相对于农业的经济发展优势，工业化的定义、阶段划分和基本因素，发展中国家工业化所面临的障碍，发达国家去工业化以及发展中国家过早去工业化的原因等。

第三章从农业、制造业和城镇化发展出发，对共建"一带一路"国家工业化发展现状进行分析。主要探讨共建"一带一路"国家农业生产效率，制造业增加值、就业和产品出口，以及工业化与城镇化的互动关系等问题。

第四章基于前期建立的理论框架，首先使用钱纳里人均收入划分法和联合国工业发展组织划分法对共建"一带一路"国家工业化发展阶段进行划分，并对其工业竞争力进行分析。随后从人口、资源、资本与基础设施、制度与政府、外贸与外资的角度对共建"一带一路"国家工业化所面临的障碍进行探讨。

第五章论述"一带一路"倡议促进发展中国家工业化的机制与路径。首先对传统国际发展合作所存在的问题进行探讨，并从多个方面阐释了共建"一带一路"对国际发展合作的新发展。其次，从农业生产效率提升、基础设施建设、资本形成、贸易促进、非农就业、知识与人力资本提升的角度，探讨共建"一带一路"如何促进发展中国家工业化问题，并以中非合作为例阐释共建"一带一路"在非洲工业化过程中扮演的重要作用。最后指出当前发展中国家工业化所面临的挑战，并对未来发展进行展望。

第二章

工业化理论简述及分析框架

一、为什么是工业，而不是农业？

第二次世界大战以来，世界经济分为工业经济体和农业经济体。经验上我们都知道，大部分发达国家都是工业经济体（或经历过工业化发展阶段），而大部分欠发达国家都是农业经济体。根据世界银行数据（见表 2.1），国家收入越低，农业增加值占 GDP 比重越高；反之，国家收入越高，农业增加值占 GDP 比重越低。工业发展则与国家收入呈倒 U 形关系，也即低收入国家工业增加值占 GDP 比较低，随着国家收入的提高，工业增加值也随之上升，但国家收入达到一定阶段后，工业增加值占比开始出现下降，并转移到服务业部门，也就是发达国家所谓的"去工业化"现象。那么在了解发展中国家如何实现工业化之前，我们会问：为什么农业经济体就比工业经济体穷困？为什么转型发展是从农业到工业的转型，而非反过来呢？或者说为什么工业有比农业更大的发展潜力，而被誉为"经济增长的源泉"呢？下面将对这一基本问题进行简要理论探讨。

表 2.1　不同收入水平国家各部门增加值占 GDP 比重(2020 年)

单位:%

项目	农业	工业(制造业)	服务业
低收入国家	27.64	25.57(10.95)	46.79
中等偏下收入国家	9.46	33.92(20.09)	56.62
中等偏上收入国家	6.89	32.33(21.96)	60.78
高收入国家	1.22*	22.55*(13.37*)	76.23*
世界	4.35	26.60*(15.93)	70.27*

注：数据来源于世界银行，其中工业增加值包括采矿业、制造业、建筑业、电力、水和天然气行业中的增加值；带"*"的数字表示 2019 年数据；服务业增加值占 GDP 比重根据农业和工业数据推算而得。因进位问题，各行数据的百分比相加可能不等于100%，余同。

(一)农业与工业的产品和产业性质

一般认为，工业相对于农业的优势是由其各自的产品和产业性质决定的。从生产角度讲，农业生产由土地和劳动两种生产要素决定（假设技术给定），其生产函数可表示为 $Y_a = A_a \cdot f_a$（土地，劳动），其中 Y_a 表示农业产出，A_a 表示农业技术（给定）。传统农业生产受边际劳动产出递减规律的影响。根据发展经济学理论，农业生产领域劳动力无限供给，但是土地资源却是固定的，这样固定面积土地上等量增加的劳动数量，所能带来的产出增加是递减的，农业生产效率也随之递减。[①]

如图 2.1 所示，随着等额的农业劳动力被投入到不变的土地生产之中，农业总产出会经历先快速上升后缓慢上升的阶段（上图所示），也即边际产出会经历先上升再下降的阶段，甚至可能变为零（下图所示）。如果劳动工资由劳动边际产出决定，那么农业部门就会有很多劳动力的工资低于糊口工资（Subsistence Wage）。这也就导致了变相的失业（Disguised Unemployment），尤其是在人口增长速度倾向于更高的农业社会。当农业边际产出为零时，会出现从农业部门释放出劳动力而并不会导致农业减产的情况，也即农村的劳动力供给远超过农业生产的需要，也就出现了威廉·阿瑟·刘易斯（William Arthur Lewis）所描述的"剩余劳动力无限供给"的情况。[②]

---

① 蔡昉：《发展阶段转折点与劳动力市场演变》，《经济学动态》2007 年第 12 期。

② Lewis W A，"Economic Development with Unlimited Supplies of Labor," *Manchester School of Economic and Social Studies*，no. 2(1954).

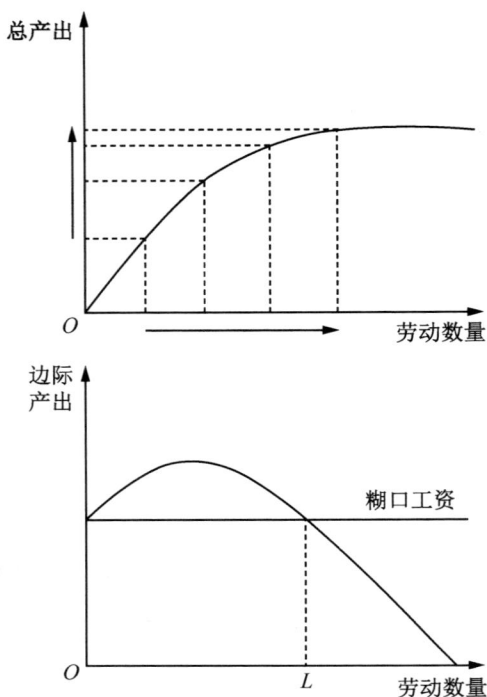

图 2.1 农业劳动边际产出递减规律

从消费角度来说，大多数农业产品是缺乏收入弹性的，也即对农产品消费需求增长的比例小于收入增长的比例，这是因为即便是在收入增长的情况下，每个人所能消费的农业产品（如食物）也是有限的。① Thirlwall 和 Pacheco-López 给出的例子能很好阐释这一问题。假设农业劳动力增长率为2%，劳动生产率增长率为1%，这样经济增长潜力为3%。再假设经济收入增长

---

① 张培刚：《农业与工业化（中下合卷）》，华中科技大学出版社2002年版。

了 3%，但对农业产品的需求收入弹性只有 0.5（也即收入增加 1 元，对农产品消费需求增加 0.5 元），那么社会对农业产出的需求也将只增长 1.5%，这样供给和需求增长之间的差距为 1.5%，最终也将体现在农村剩余劳动力问题上。

在劳动力自由流动条件下，这些剩余劳动力理论上可以迁移到城市工业部门去寻找其他工作，从而避免变相失业和农业劳动生产率降低，以及进而带来的人均收入下降问题，以逃脱罗格纳·纳克斯（Ragnar Nurkse）所提出的贫困"恶性循环"（见第三部分的详细描述）。那么，为什么现代工业部门能够吸纳剩余劳动力呢？这是因为工业生产和产品有与农业生产和产品完全不同的性质。

生产上，工业生产由资本和劳动所决定（技术给定），其生产函数可表示为 $Y_i = A_i \cdot f_i$（资本，劳动），其中 Y_i 表示工业产出，A_i 表示工业技术（给定）。长期内这两种生产要素都是可变的，且由于劳动分工和专业化的影响，工业属于规模报酬递增的产业。消费上，工业产品是富有收入弹性的，也即对工业产品的消费需求增长的比例大于收入增长的比例。[①] 随着人均收入的增加，人们对农产品的需求会下降，对工业品的需求会增加。因此，对比之下，工业比传统农业有更大的劳动力吸纳能力和经济增长潜力。

---

① 张培刚：《农业与工业化（中下合卷）》，华中科技大学出版社 2002 年版。

除上述区别外，工业生产的优势还体现在以下两点：①农业生产受自然环境的多种因素的制约，具有地域性和季节性。而工业生产受自然环境的影响较小，具有地域上的灵活性和季节上的连续性。②农业的生产过程与动植物的生命过程合二为一，其收益集中在最终产品上。而工业生产过程可以分别计算各个中间环节上劳动者付出的有效劳动的数量和质量，这就便于劳动分工，提高劳动生产率。①

需要指出的是，上述论述并不是说农业对经济发展不重要（将在第二部分给予更详细的讨论）。张培刚在1945年的博士论文 *Agriculture and Industrialization* 中最早详细阐述了农业的贡献以及农业与工业之间的相互依存关系，认为无论一个国家高度工业化到何种程度，若其国内农业和工业不能维持一种适当的及变动的平衡关系，则其经济活动一定不能持续发展。② 1979年诺贝尔经济学奖得主，芝加哥学派的西奥多·威廉·舒尔茨（Theodore W. Schultz）对"重工轻农"的思想和现象进行了批判，认为重工轻农无不给国家发展带来极大困难，而给予农业足够重视的国家才能取得较大的成绩，发展中国家需要加强对农业人力资本投资，以现代农业改造传统农业，助推经济发展。③

① 吴敬琏：《当代中国经济改革教程》，上海远东出版社2016年版。
② 张培刚：《农业与工业化（中下合卷）》，华中科技大学出版社2002年版。
③ 舒尔茨：《经济增长与农业》，郭熙保译，中国人民大学出版社2015年版；舒尔茨：《改造传统农业》，梁小民译，商务印书馆2006年版。

（二）工业对经济发展的优势作用

不可否认的是，工业在经济增长潜力上具有比农业更大的优势。国际发展经验表明，只有当各类资源从农业转移到工业和高端服务业时，经济增速才会迅速提高。工业增长和 GDP 增长之间的关系在发展经济学领域中被称为卡尔多增长定律（Kaldor's Growth Laws）[①]。Thirlwall 和 Pacheco-López 对该定律进行了三部分的归纳：第一是制造业产出增长（g_m）与 GDP 增长（g_{GDP}）之间存在很强的正相关关系，也即 $g_{GDP} = f_1(g_m)$，且其中 f_1 为正的函数关系；第二是制造业产出增长（g_m）与制造业生产率增长（p_m）之间存在很强的正相关关系，即 $p_m = f_2(g_m)$，且其中 f_2 为正的函数关系；第三是制造业产出增长（g_m）与制造业以外产业的生产率增长（p_{nm}）存在很强的正相关关系，即 $p_{nm} = f_3(g_m)$，且其中 f_3 也是正的函数关系。[②] 这一定律充分强调了制造业相比于其他产业的优势。

除上文对工业的较高劳动力吸纳能力和产品富有弹性的分析外，工业化对经济发展的特殊作用还体现在以下几个方面：第一，制造业部门的生产率高于农业部门。经济资源从农业向制造业的转移提供了结构转型的红利。第二，与农业相比，制

---

① 以剑桥大学著名经济学家尼古拉斯·卡尔多（Nicholas Kaldor）命名，他在 20 世纪 60 年代首次阐明了这一定律。

② Thirlwall A P and Pacheco-López P, *Economics of Development：Theory and Evidence*(London：Bloomsbury Academic，2017).

造业具有增加储蓄和资本积累的优势，而资本积累是经济增长的主要源泉之一。在空间上更加集聚的制造业比在空间上较为分散的农业更容易实现资本积累。资本密集程度在采矿、制造业、公用事业和运输业中都很高，但在农业和服务业中则要低得多。因此，制造业份额的增加将有助于资本的积累，进而推动经济的增长。第三，制造业相比于农业或服务业更容易实现规模经济，这部分地因为制造业技术倾向于在大规模生产中得到最有效的应用，同时扩大了生产，也扩大了"干中学"的学习范围。第四，制造业为有形和无形的技术进步（Embodied and Disembodied Technological Progress）提供了特殊的机会，并扩散到其他经济部门。快速的资本积累往往与有形的技术进步相关联，因为新一代的资本品体现了最新的技术水平。无形的技术进步是指企业和整个经济中产品和工艺技术知识的变化。第五，制造业的关联和溢出效应（Linkage and Spillover Effects）要强于农业或采矿业。关联是指制造业部门与其他产业部门供求之间的直接向后和向前联系，这种关联可以使得制造业对其他产业部门产生知识和技术的溢出效应和正的外部性，以促进规模经济的实现。[1] 此外，还有研究表明，国家产品结构的复杂

① Szirmai A，"Industrialisation as an Engine of Growth in Developing Countries，1950－2005，"*Structural Change and Economic Dynamics*，no. 4（2012）；Haraguchi N，Martorano B and Sanfilippo M，"What Factors Drive Successful Industrialization? Evidence and Implications for Developing Countries，"*Structural Change and Economic Dynamics* 49（2019）.

化和多样化是国家经济发展韧性和抗压能力的重要体现，经济增长潜力往往与一国或地区所生产产品的复杂性和多样性紧密相关，而工业化在其中扮演了重要的角色。[①]

二、工业化的定义及阶段划分

达沃斯论坛的创始人克劳斯·施瓦布（Klaus Schwab）在其著作《第四次工业革命——转型的力量》中认为，我们处在第四次工业革命[②]的开端。历史上前三次工业革命分别为：由铁路建设和蒸汽机的发明而触发的第一次工业革命，发生在1760—1840年，自此人类进入机械生产的时代；第二次工业革命发生在19世纪末20世纪初，以使用电力和生产线的规模化生产为特征；第三次工业革命始于20世纪60年代，催生了计算机、电子信息、互联网等新技术及其应用。正在发生的第四次工业革命始于20世纪和21世纪之交，表现为互联网无处不在，移动性大幅提高；传感器体积越来越小，性能却越来越强大，成

---

① Hidalgo C A, Hausmann R and Partha S D, "The Building Blocks of Economic Complexity," *Proceedings of the National Academy of Sciences*, no. 26(2009).

② 也被称为工业4.0。基于工业发展的不同阶段，工业1.0是机械化时代，工业2.0是电气化时代，工业3.0是信息化时代，工业4.0则是智能化时代。

本越来越低；人工智能和机器学习方兴未艾，智能化的应用也正在改变原有的生活、生产及其组织方式。① 可见，工业革命一次又一次地促进着人类生产力的不断提升，而工业化是一个不断深化的发展过程。

(一)工业化的概念

那么，到底什么是工业化？我们应如何较为准确地把握工业化的概念及其定义呢？这一问题看似老生常谈，却至关重要。因为工业化的不同定义包含不同的政策含义，进而对现实的指导意义是不同的。长期以来，学术界对工业化的定义并没有统一的认识，在表述中各有侧重，大致可以分为三类。

第一类定义是从工业的角度给出的。德国经济史学家鲁道夫·吕贝尔特(Rudolph Rubbert)认为工业化是指机器时代的到来以及机械化的应用使得社会生产从单件生产过渡到系列生产，进而过渡到大规模生产。② 霍利斯·钱纳里（Hollis B. Chenery)等对工业化的定义是制造业产值增加的过程，认为工业化水平以制造业在国民生产总值中的份额来衡量。③《新帕

---

① 克劳斯·施瓦布：《第四次工业革命——转型的力量》，李菁译，中信出版社 2016 年版。

② 鲁道夫·吕贝尔特：《工业化史》，戴鸣钟等译，上海译文出版社 1983 年版。

③ Chenery H，Robinson S，Syrquin M and Feder S，*Industrialization and Growth：A Comparative Study*(New York：Oxford University Press，1986).

尔格雷夫经济学大词典》给出的定义指出，工业化是一种过程：第一，一国家或地区从制造业活动和第二产业获得的收入比例总体上上升；第二，劳动人口从事制造业和第二产业的比例总体上也呈现上升趋势。① 可以看到，这一类定义并没有对农业做过多的表述，而是强调工业发展的重要作用。

　　第二类定义把农业纳入工业化的讨论之中，这类定义最为流行。就像本书绪论中表述的那样，人们倾向于把工业化理解为工业（尤其是制造业）产值在国民经济中的比重以及工业（尤其是制造业）就业人数在总就业人数中比重不断上升，同时农业产值在国民经济中的比重以及农业就业人数在总就业人数中比重的不断下降的过程。西蒙·库兹涅茨（Simon Kuznets）认为工业化过程即是"产品的来源和资源的去处从农业活动转向非农业生产活动"。② 谭崇台概括的工业化的含义包括：①工业化是一国或地区借助物质资本和人力资源，逐步提高加工原料以制成消费品与资本品和提供劳务的能力的过程；②工业化是经济结构发生重大变化的过程，表现为制造业和服务业在国民收入和就业人口中的比重逐渐上升，农业在国民收入和就业人口中的比

---

① Bagchi A K，"Industrialization，"in *The New Palgrave Dictionary of Economics*，ed. Palgrave Macmillan（New York：Palgrave Macmillan，1987）.

② 西蒙·库兹涅茨：《各国的经济增长（第 2 版）》，常勋等译，商务印书馆1999 年版。

重逐渐下降。① 虽然这类定义考虑了农业的因素，但主要目的还是强调工业尤其是制造业的发展，并不涉及农业部门和工业部门之间的互动关系问题，甚至把两个部门看成相互对立的。

第三类定义强调不同产业部门间的相互作用关系，这类定义以张培刚为代表。早在 20 世纪 40 年代，张培刚就对工业化给出了较为广泛的定义，认为工业化是"一系列基要生产函数(Strategical Production Functions)连续发生变化的过程"。这里的"基要生产函数"是指在整个国民经济中居于支配地位的生产函数，也即"关联效应"更大的生产函数。他还指出，"这种基要生产函数的变化最好用交通运输、动力工业、机械工业、钢铁工业诸部门来说明"，且"工业化包括农业及工业两方面的生产的机械化和现代化"。但随后理论界和实践界对工业化的理解并不令人满意。在后来的著作中，张培刚又对工业化的定义进行了丰富和发展。他指出工业化是"国民经济中一系列基要生产函数(或生产要素组合方式)连续发生由低级向高级的突破性变化(或变革)的过程"②，"如果着重技术因素，工业化可以定义为一系列基要生产函数发生变动的过程。若着重资本这个因素，则工业化也可定义为生产结构中资本广化和深化的过程。若着重劳动这个因素，工业化更可定义为每人劳动生产率迅猛提高

①　谭崇台：《发展经济学概论》，武汉大学出版社 2001 年版。
②　张培刚：《农业与工业化(中下合卷)》，华中科技大学出版社 2002 年版。

的过程"①。同时他极力反对把农业和工业对立起来的看法和做法，并把农业和工业的协调发展看成是工业化的重要特征。但这一类对工业化的定义并没有得到理论界和国际实践的重视。

可以看到，前两类工业化的定义对工业化的理解是狭隘的和片面的，这样的理解也造就了"工业化等于工业"这样机械的结构主义思想。而建立在这种理论基础上的发展政策必然是重工轻农的。② 笔者认为，对工业化的理解必须是系统的、各部门兼顾的。因此张培刚教授关于工业化的定义不仅具有理论上的意义，而且可以为发展中国家的工业化战略提供更加可行的理念参考。事实上，农业对经济发展的作用巨大。张培刚最早在其著作中对农业的贡献进行了较为全面的描述，随后库兹涅茨也对农业在国民经济中的作用进行了分析，后来又经过了其他发展经济学家的补充。吴敬琏将农业的贡献归纳为五个方面：一是农产品贡献——粮食和原材料。农产品的积累和增长是非农产业发展的先决条件。首先，与其他部门产品相比，农产品几乎无可替代，尤其是粮食，且考虑到边际消费倾向和人口增长迅速，发展中国家对粮食有巨大的需求。其次，一些工业部门依赖农产品作为原料（如棉纺织工业需要棉花），若一国农产品供应达不到本国工业化需要，则就不得不依赖原材料进口，

---

① 张培刚：《农业与工业化（上卷）》，华中科技大学出版社 2002 年版。
② 刘建洲：《关于工业化定义的思考》，《江汉论坛》1993 年第 3 期。

这将花费发展中国家本就不富裕的外汇资源。二是市场贡献。在发展的早期阶段，农业部门是整个非农产业产品的主要购买者和消费者，农业生产率增长的快慢也就决定了工业部门扩展的速度。三是要素贡献。在经济发展初期，农业既是国内储蓄和投资的主要来源，也是工业原材料和劳动力的主要供给者。四是外汇贡献。在工业没有足够的发展之前，农业则成为大多数发展中国家出口换汇以换取自身所需要资本品的主要部门。五是生态环境贡献。农业作为环境功能的提供者，可以向社会提供多样化的保持生态环境的功能。当然经济发展的不同阶段农业的作用不尽相同，但薄弱的农业基础会对经济和社会的长期稳定发展造成损害。[①] 这一事实却常被把结构转型奉为圭臬的实践者和发展经济学者所忽略，一定程度上也解释了第二次世界大战后一些发展中国家为实现赶超发展而实行快速工业化政策失败的重要原因。

(二)工业化的度量及阶段划分理论

对工业化进行定义以后，如何评判一国或地区是否实现了工业化就变得十分重要。学者们对此进行了大量的研究，但对工业化的度量及工业化阶段的判断也如工业化的定义一样，没有统一的标准，可大致分为三类：单一指标法、结构划分法、

---

① 吴敬琏：《当代中国经济改革教程》，上海远东出版社 2010 年版。

综合评价法。

1. 单一指标法

被用来衡量工业化水平的单一指标包括人均 GDP、霍夫曼系数、制造业增加值占 GDP 比重和制造业劳动力占总劳动力比重等[①]，其中以瓦尔特·霍夫曼（Walther G. Hoffmann）的霍夫曼系数和钱纳里的人均收入划分法最为著名。

霍夫曼系数

霍夫曼在其 1931 年出版的《工业化的阶段与类型》一书中较早地研究了工业化阶段划分的问题，并提出了霍夫曼系数（或霍夫曼比例），也即消费资料工业和资本资料工业的比值。其中，消费资料主要是轻纺工业部门生产的，资本资料主要是重化工部门生产的。根据霍夫曼经验定理，工业化即资本资料工业在制造业中所占比重不断上升并超过消费资料工业所占比重的过程，实际上也是工业结构的"重工业化"趋势。随着工业化的推进，霍夫曼系数是逐步下降的。这一系数将工业化划分为四个阶段：第一阶段，消费资料工业发展迅速，在制造业中占有统治地位。而资本资料工业则不发达，在制造业中所占比重较小。消费资料工业净产值为资本资料工业净产值的 4～6 倍。第二阶段，资本资料工业快速发展，消费资料工业的发展速度有所减缓，但资本资料工业的规模仍远不及消费资料工

---

① 后两者多用于工业化的实证分析之中。

业的规模。此时消费资料工业的产值仍是资本资料工业净产值的 1.5～3.5 倍。第三阶段，消费资料工业与资本资料工业在规模上大致相当，二者比例为 0.5～1.5。第四阶段，资本资料工业在制造业中的比重超过消费资料工业并继续上升，二者比例小于 1。

霍夫曼的理论在经济学界产生了很大影响，迄今仍有相当广泛的应用。但国内外学者对该理论仍然存有批评意见：一是该理论仅从工业内部消费资料工业与资本资料工业的相对地位的变化来划分工业化阶段是不全面的，霍夫曼系数相同的国家完全可能处在不同的工业化阶段；二是该理论忽视了既非消费资料又非资本资料的中间资料工业品及其变动对工业化的影响；三是该理论的应用范围是有条件的，甚至有学者认为并不存在霍夫曼定理（如库兹涅茨）。[1] 盐野谷祐一认为该理论只适用于工业化初期；张培刚则认为该理论只适用于演进性工业化，而不适用于革命性工业化，苏联和改革开放前的中国的革命性工业化过程便是很好的例证。[2]

钱纳里人均收入划分法

美国著名经济学家钱纳里将人均收入水平作为评判工业化阶段的总体性指标（见表 2.2）。他认为经济增长是经济结构转变

---

① 曾国安：《试论工业化阶段的划分》，《经济评论》1997 年第 3 期。
② 王师勤：《霍夫曼工业化阶段论述评》，《经济学动态》1988 年第 10 期。

表 2.2　钱纳里人均收入划分法

项目	初级产品生产阶段（准工业化阶段）	工业化阶段			后工业化阶段
		工业化初期阶段	工业化中期阶段	工业化后期阶段	
1964 年美元	100~200	200~400	400~800	800~1500	1500 以上
1970 年美元	140~280	280~560	560~1120	1120~2100	2100 以上
1980 年美元	300~600	600~1200	1200~2400	2400~4500	4500 以上
1995 年美元	610~1220	1220~2430	2430~4870	4870~9120	9120 以上
2000 年美元	660~1320	1320~2640	2640~5280	5280~9910	9910 以上
2010 年美元	680~1500	1500~3070	3070~6140	6140~11520	11520 以上
2015 年美元	880~1770	1770~3500	3500~7075	7075~13280	13280 以上

注：表中后工业化阶段包括初级阶段和高级阶段，这里不再做数据上的细分；1964 年和 1970 年美元标准引自钱纳里著①；1980 年和 2010 年美元转引自胡必亮②；1995 年和 2000 年美元标准引自陈佳贵、黄群慧、钟宏武③；2015 年标准为作者根据美国 GDP 平减指数计算而得。

① Chenery H, Robinson S, Syrquin M and Feder S, *Industrialization and Growth: A Comparative Study*, (New York: Oxford University Press, 1986).

② 胡必亮主编：《"一带一路"沿线国家产业发展报告》，中国大百科全书出版社 2022 年版。

③ 陈佳贵、黄群慧、钟宏武：《中国地区工业化进程的综合评价和特征分析》，《经济研究》2006 年第 6 期。

的结果，并借助多国经济增长模型将随人均收入增长而发生的
经济结构转换过程划分为三个大阶段和六个时期。第一阶段为
初级产品生产阶段，此时占统治地位的是初级产品的生产活
动——主要指农业。由于人均收入水平低，工业制成品的有限
需求不能使制造业成为总产出的主要来源。在生产方面，此阶
段资本积累增速低，劳动力增长快，全要素增长率较为缓慢。
第二阶段为工业化阶段，以经济重心由初级产品生产向制造业
生产转移为特征。随着收入水平的增加，制造业产品生产对增
长的贡献高于初级产品。同时生产方面，资本和劳动从生产率
较低的农业部门向生产率较高的工业部门转移，资本积累的贡
献不断提升。第三阶段为后工业化阶段（包括初级阶段和高级阶
段）。就需求而言，制成品的收入弹性开始减少，其在国内总需
求中所占份额也开始下降，居民消费结构会从工业制成品为主
转向以住房、休闲、旅游等服务产品为主。制成品最终需求的
增长速度不再超过经济增长速度。①

但这一工业化阶段划分方法无疑是简化的，因为它只关注
了经济发展的结果也即人均收入，而无法观察到工业化发展的
过程。例如，很多自然资源禀赋优势较强的国家人均收入已经
达到发达国家的水平，但我们并不能机械地认为这些国家进入

① 李恒全：《H. 钱纳里等：〈工业化和经济增长的比较研究〉》，《学海》
2003 年第 4 期。

了后工业化阶段或者发达经济阶段。不过此类划分方法具有数据获取容易且可操作性强的优势，因此而广受推崇。

联合国工业发展组织划分法[①]

联合国工业发展组织的国家分类基本原则就是工业发展阶段。该组织认为工业化既是快速经济增长和社会发展必不可少的有力工具，也是一个多维度的任务，因为工业发展成就包含了广泛的社会和经济变化。基于这样的考虑，包括人口规模因素的人均制造业增加值被认为是一个合适的衡量标准。同时联合国工业发展组织对这一衡量标准做了三个方面的考虑：一是不同国家的名义货币汇率与实际商品和服务价格之间的差异。所以这里的人均制造业增加值是经过购买力平价调整后的人均制造业增加值。计算公式为：$MVA_{pc} = GDP_{pc} \times s$，其中 MVA_{pc} 为调整后的人均制造业增加值，GDP_{pc} 为基于购买力平价的人均 GDP，$s = MVA/GDP$（MVA 和 GDP 分别为以本币或美元计价的制造业增加值规模和 GDP 规模）。二是当一国或地区达到最高工业化水平时，制造业增加值占 GDP 的份额趋于稳定甚至下降。因此，在工业化阶段划分时同时考虑了基于购买力平价的人均 GDP。三是绝对值和相对值。从绝对意义上说，一些经济体对世界工业生产作出重大贡献，但从相对意义上说，

[①]　本部分资料来源于 Upadhyaya S，"Country Grouping in UNIDO Statistics，" *Development Policy，Statistics and Research Branch Working Paper*，no. 1(2013)。

由于这些经济体人口规模过大，其人均制造业增加值没有达到与其他新兴工业经济体相同的水平。因此使用了一国或地区制造业增加值规模占世界的份额作为调整。最终分类具体如表2.3所示。

表 2.3 联合国工业发展组织工业化阶段分类及其标准

国家组别	衡量标准
工业经济体	调整后的人均制造业增加值≥2500，或基于购买力平价的人均 GDP≥20000
新兴工业经济体	2500＞调整后的人均制造业增加值≥1000，或基于购买力平价的人均 GDP≥10000，或制造业增加值规模占世界的份额≥0.5%
其他发展中国家	除联合国官方所列的最不发达国家（Least Developed Countries，LDCs）以外的其他经济体
最不发达国家	联合国的最不发达国家官方列表

注：阈值的计算是基于 2005 年现价的制造业增加值数据。

这一衡量标准的主要局限性在于它忽略了按名义汇率和平价汇率计算的不同行业之间的价格差异；主要优点是具有客观性、可比性和简便性，以及便于未来的更新。

2. 结构划分法

结构划分方法主要是从国民经济和就业中三次产业之间的动态关系的角度展开的，代表性的有配第-克拉克定理、张培刚工业化三阶段理论、库兹涅茨工业化三阶段理论。

配第-克拉克定理

早期，基于 17 世纪英国古典经济学家威廉·配第（William Petty）"工业比农业、商业比工业附加值高"[①]的思想，科林·克拉克（Colin Clark）1940 年出版的《经济进步的条件》对 40 多个国家和地区不同时期三次产业的劳动投入产出资料进行了整理分析，归纳出了经济发展与劳动力结构演进之间的关系。克拉克认为，伴随着工业化的推进，劳动人口逐渐从第一产业向第二产业、进而从第二产业向第三产业移动的一般演进趋势，这是由经济发展中各产业间出现收入的相对差异造成的。后人将这一发展称为"配第-克拉克定理"。[②]

张培刚的工业化三阶段理论

20 世纪 40 年代，张培刚教授出版了《农业与工业化》一书，从理论和历史的视角探讨了农业与工业之间的互动关系，以及农业国如何实现工业化这一问题。他根据资本品与消费品工业的关系，将工业化过程划分为三个阶段：第一阶段是消费品工业占优势；第二阶段是资本品工业占优势；第三阶段是消费品工业和资本品工业平衡，而资本品工业渐占优势地位的趋势。他还强调，这种工业化发展的方式只限于演进性的类型。至于比较激进的或者革命性的类型，其发展的次序并不一定与此相

---

① 威廉·配第：《政治算术》，陈冬野译，商务印书馆 1978 年版。
② 科林·克拉克：《经济进步的条件》，张旭昆、夏晴等译，中国人民大学出版社 2020 年版。

同，而且有可能依靠政府的计划完全倒过来。[①]

张培刚认为，对发展中国家而言，随着工业化的推进，农业生产的绝对数量和经营规模虽然将继续增加和扩大，但其总值在整个国民生产总值中所占的比重则必然将逐渐降低；同样，农业劳动者人数逐渐向城市或其他方面的转移而在绝对数量上有所减少，且在占全国就业总人数的比重上也有所降低。一国农业生产总值占国民生产总值的比重由原来的 2/3 甚至 3/4 以上降低到 1/3 甚至 1/4 以下，同时农业劳动人口占全国就业总人口的比重也由原来的 2/3 甚至 3/4 以上降低到 1/3 甚至 1/4 以下时，才算实现了工业化，成为"工业化国家"，产值与就业条件须同时具备，缺一不可。[②]

库兹涅茨工业化三阶段理论

诺贝尔经济学奖得主西蒙·库兹涅茨对主要发达国家经济增长过程的研究发现，随着工业经济的发展，生产和就业的部门结构都发生了很大变化：农业部门的产值份额从起初的 40% 下降到 10% 以下；工业部门的产值份额则从开始的 22%～25% 上升到 40%～50%（其中制造业占了约 2/3 的比重，并成为经济增长中最有生气的成分）；服务部门的产出份额也不断缓慢上升。同时，农业部门的劳动力份额从开始的 50%～60% 水平下

① 张培刚：《农业与工业化（上卷）》，华中科技大学出版社 2002 年版。
② 张培刚：《农业与工业化（中下合卷）》，华中科技大学出版社 2002 年版。

降到少则 10％以下多则 20％左右的水平；工业部门的劳动力份额从初始水平 20％～40％上升到超过 40％；服务部门的劳动力份额上升更为显著。他对工业化三阶段的总结是：工业化初期，第一产业比重逐步下降，第二产业比重快速上升，且拉动着第三产业比重的提高；工业化中期，第二产业比重超过第一产业，第一产业比重下降到 20％以下，并且第二产业的比重高于第三产业，在国民经济中占主导地位；工业化后期，第一产业比重降低到 10％以下，第二产业比重上升到最高水平且保持稳定或略微有所下降。[①]

3. 综合评价法

工业化阶段的综合评价法是为了克服单一指标法和结构划分法无法包括工业化发展过程中的诸多因素而被提出的，尤其在中国学术界有广泛的应用。其主要方式是通过构建包括多维因素的指标体系，进行加权计算得出工业化阶段的评判依据。其中具有代表性的是黄群慧等学者的工业化进程指数。他们从经济发展水平、产业结构、工业结构、就业结构、空间结构等多方面入手，选取包括人均 GDP、三次产业产值比、制造业增加值占比、人口城市化率、第一产业就业人口比等指标，对工业化进程进行综合评价，并把工业化划分为五个阶段：前工业

[①]　西蒙·库兹涅茨：《各国的经济增长（第 2 版）》，常勋等译，商务印书馆1999 年版。

化阶段(综合指数为0)、工业化初期阶段(综合指数值为大于0,小于33)、工业化中期阶段(综合指数值为大于等于33,小于66)、工业化后期阶段(综合指数值为大于等于66,小于等于99)、后工业化阶段(综合指数值为大于等于100)。[1] 但学术界对这类方法也存在争议,其中主要质疑来自三方面,包括指标选取存在主观性、指标权重确定的合理性、综合指数合成的科学性。

三、发展中国家工业化

长期以来,人们试图对如何实现持续的经济增长给出满意的解答。国际发展经验已经反复验证,工业化是实现经济持续增长的主要路径,因此对工业化的驱动因素的讨论就变得不可或缺。在本书的绪论中,我们对第二次世界大战后发展中国家的工业化努力及发达国家的援助进行了简要的讨论。但为了更好地找到"一带一路"倡议与发展中国家工业化之间的契合点,还需要对发展中国家工业化所面临的障碍以及其过早去工业化的原因进行深入分析。

---

[1] 陈佳贵、黄群慧、钟宏武:《中国地区工业化进程的综合评价和特征分析》,《经济研究》2006年第6版。

（一）工业化的基本因素

最早张培刚在其著作中指出，工业化过程存在着五种基本因素：第一，人口——数量、组成及地理分布；第二，资源或物力——种类、数量及地理分布；第三，社会制度——人的和物的生产要素所有权的分配；第四，生产技术——着重于发明的应用；第五，企业创新管理才能（Entrepreneurship）——改变生产函数或应用新的生产函数，也就是改变生产要素的组合或者应用新的生产要素组合。[1]他还指出，"这五种因素是发动并定型工业化过程最重要的因素，但是它们的性质和影响各有不同，可以再归纳而划分为两大类：一类是发动因素，包括企业创新管理才能及生产技术；另一类是限制因素，包括资源及人口。当然，这种划分也只能是相对的。至于社会制度，则既是发动因素，又是限制因素"。工业化过程中的这五种基本因素是由张培刚给出的工业化的定义决定的。他认为，工业化的发动因素是指能直接启动国民经济中"一系列基要生产函数组合方式发生连续的变化"的基要因素。"换言之，它是指能够直接推动经济长期持续增长、促进社会生产力发生变革、促进社会经济结构发生转变的根本性的决定力量。""所谓工业化的限制因素是指那些长期制约工业化和经济发展的方向、速度、格局的最本

---

[1]　张培刚：《农业与工业化（中下合卷）》，华中科技大学出版社 2002 年版。

原的因素。"他还强调，不能把经济落后的表现与工业化的限制因素混为一谈，如贫困、市场不完善等。还有一些暂时的、局部的不利因素，也不是真正的限制因素和长期的决定因素，如战争、政府更替、经济周期波动等。结合现有的经济增长理论进程和国际发展实践来看，这五种工业化基本因素的提炼无疑是具有启发意义的，也为我们分析共建"一带一路"发展中国家工业化过程中所面临的障碍提供了一个有效的基础框架，只是在某些方面的细节讨论需要加以补充和完善。

(二)发展中国家工业化所面临的障碍

1. 人口

托马斯·马尔萨斯(Thomas Malthus)在其 1798 年所著的《人口论》中提出了一个关于人口增长和经济发展之间关系的理论。他认为，正常情况下，一国人口增长有其总体趋势，且会以几何级数增长，而由于固定生产要素土地的边际报酬递减，粮食供应只能以算术级数增长，因此粮食供给增长的速度赶不上人口增长的速度，导致人均收入下降的趋势，而人口不可避免地陷入维持生计的收入状态。① 后来这一理论被称为"马尔萨斯人口陷阱(Malthusian Population Trap)"，并成为很多发展中国家进行人口控制实践的理论基石。但国际发展的实践并没有

---

① 托马斯·马尔萨斯:《人口论》，周进译，北京出版社 2008 年版。

朝着马尔萨斯人口陷阱理论的方向发展。一方面，该理论没有考虑技术进步的巨大影响。比如，技术进步可以提高农业领域土地产出效率，缓解边际报酬递减的限制，使得粮食生产的增加率并不一定总小于人口增长率。同时，技术进步在社会其他领域的应用更是极大促进了经济的增长。另一方面，该理论把资源限定在粮食一种，而忽略了其他资源对人均收入的影响。[①] 但也应当看到，发展中国家往往由于资金匮乏和智力稀缺而导致技术进步的困难，以至于使"人口陷阱"成为可能。

发展中国家倾向于有更高的人口增长率。[②] 发展经济学家普遍认为，人口过快增长不是发展中国家贫困落后的主要原因，但却是发展中国家工业化的重大障碍。谭崇台和张培刚对此有较为全面的总结，认为人口过快增长主要从以下方面限制发展中国家工业化：第一，在资源有限、资金短缺、技术落后的发展中国家，人口增长过快将降低人民消费水平和生活质量，使普遍贫困的现象更加恶化，社会可利用的储蓄和投资进一步减少，不利于资本的形成；第二，人口增长过快导致高赡养率，加重社会负担，从而不利于资本积累；第三，在有限资本的条件下，过快的人口增长将进一步降低每单位劳动力资本存量，

[①]　张培刚：《农业与工业化（上卷）》，华中科技大学出版社 2002 年版。

[②]　根据世界银行统计数据，2020 年高收入国家人口增长率为 0.3%，中等收入国家为 1.0%，低收入国家则高达 2.7%。

出现资本宽化（Capital Widening）[1]，导致劳动生产率降低；第四，发展中国家大部分人口生活在农村，人口快速增加会减少农村人均土地占有量，同时增加农村隐性失业人口，由此降低人均收入，造成农业部门资本形成更加困难，进而陷入人均收入更低的恶性循环；第五，在农业比重普遍较高的发展中国家，人口快速增长将增加大量农村剩余劳动力，使得工业部门吸收农业剩余劳动力压力增大，就业机会供给远远落后于就业需求，导致就业不足；第六，人口的过快增长将加剧基础设施供应的紧张，使得发展中国家本就不充裕的资本变得更加困难；第七，沉重的人口负担使得发展中国家无力对教育文化事业给予足够的投入，使得人力资本水平下降；第八，过度人口增长也会造成自然资源耗竭、环境污染和生态失衡。[2]

同时不能否认的是，国际横截面的证据很少可以支持控制人口增长将对人均收入的增长产生很大影响的观点。反过来说，人口规模也不总是限制因素，它从另一个角度也可以看作生产要素。如果发展中国家能够充分利用"人口红利"，充分发掘劳动力资源比较优势，人口便可以成为促进工业化发展的有利条件，中国改革开放以来的工业化历程便是一个很好的例证。

---

[1] 与资本深化（Capital Deepening）相对应，也即单位劳动力资本存量增加。

[2] 谭崇台：《发展经济学概论》，武汉大学出版社 2001 年版；张培刚：《农业与工业化（中下合卷）》，华中科技大学出版社 2002 年版。

2. 资源

资源是另一个被张培刚视为限制工业化的基本因素之一。他认为，一方面，许多发展中国家没有建立起现代工业（如金属工业、石油工业等）的一个重要原因就是缺乏工业化资源（如煤炭、石油、工业原料、水等），而又因外汇储备的匮乏无力从国外获取；另一方面，许多发展中国家的工业化往往是从出口初级产品尤其是资源密集型产品开始的，并成为积累资本的重要手段，进而促进工业化进程。因此，资源不足就成为发展中国家工业化的一大限制。[①] 阿尔伯特·赫希曼（Albert Hirschman）认为，丰裕的资源可以带动资源产品的出口，而资源出口可能通过财政联系、消费联系、生产联系渠道对其他经济活动产生积极的扩散效应，从而推动经济结构多元化。其中财政联系是指资源出口的收入可以使国家增加对其他非资源部门的投入；消费联系是指资源出口积累的财富提升了国内市场的消费能力，从而增加了对制造业产品的需求；生产联系是指资源出口可以带动有关的上下游产业，尤其是与资源相关的服务业。[②]

但资源并不是工业化的充分条件。对于资源丰富的发展中国家来说，"自然资源诅咒（Natural Resource Curse）"也可能限制其工业化发展。国际发展实践表明，拥有丰富的矿藏或自然

---

① 张培刚：《农业与工业化（中下合卷）》，华中科技大学出版社 2002 年版。

② Albert Hirschman, *Essays in Trespassing：Economics to Politics and Beyond*（Cambridge：Cambridge University Press，1981）.

资源并不一定会带来发展中国家工业化上的成功。自然资源诅咒描述的是拥有丰富自然资源财富的国家经济增长速度往往低于那些自然资源贫乏的国家的现象。许多非洲经济体（如安哥拉、尼日利亚、苏丹和刚果）拥有丰富的钻石、石油和其他矿产资源，但这些国家的人民仍然生活在低人均收入和低质量的生活中。而部分东亚经济体（如日本、韩国、中国台湾、新加坡和中国香港）虽然自然资源贫乏，但它们的人均收入却达到了西方发达国家的水平。现有丰富自然资源可能对经济绩效产生负面影响的解释有以下几种：第一，大宗商品价格波动性通常很大，这会给一国经济增长带来风险和交易成本。第二，自然资源工业的专业化会对制造业发展产生挤出效应，即"荷兰病（Dutch Disease）"。一方面，自然资源部门较高的工资或收入会阻碍其他部门的创业和创新活动；另一方面，资源密集型产品出口造成的高汇率使得包括制造业在内的其他经济部门缺乏竞争力。第三，巨大自然资源的租金可能会被政客和官僚滥用，对一国制度质量产生负面影响。寻租行为也会导致较低的教育支出水平，进而影响一国人力资本水平。[1]

3. 资本与基础设施

当代发展经济学家在寻求发展中国家贫困的原因和摆脱贫

---

[1]　Thirlwall A P and Pacheco-López P，*Economics of Development：Theory and Evidence*（London：Bloomsbury Academic，2017）；Frankel J A，"The Natural Resource Curse：A Survey，"in *Working Paper*，no. 1（2010）.

困的出路时，都认为要摆脱贫困、实现工业化和经济增长，就必须大幅度提高投资率，也即强调资本积累在工业化过程中的重要作用。罗格纳·纳克斯在 1953 年出版的《不发达国家的资本形成问题》一书中提出了以资本形成为核心的发展中国家"贫困恶性循环"的问题，认为资本形成问题是发展中国家发展问题的核心。他从发展中国家资本供给和资本需求两个方面进行了分析：从资本供给方面看，由于发展中国家收入水平低，进而储蓄能力就小，由此必然导致资本形成不足，生产率也就难以提高，而低生产率反过来又造成低收入水平，这就形成了一个资本供给侧的恶性循环；从资本需求方面看，发展中国家收入水平低，购买能力也就弱，由此导致对投资的吸引力低和资本形成不足，进一步生产率也就难以提高，而低生产率又造成低收入问题，这样便形成了一个需求侧的恶性循环。纳克斯认为，尽管自然资源是经济增长的限制因素，但总的来说，世界所有发展中国家贫穷的原因都可以在某种程度上归咎于储蓄的能力低（资本供给不足）或对投资的吸引力小（资本需求不足）两个方面。[1] 美国经济史学家沃尔特·罗斯托（Walt W. Rostow）在其著作 *The Stages of Economic Growth* [2] 中提出的"经济增长阶段

---

[1]　纳克斯：《不发达国家的资本形成问题》，谨斋译，商务印书出版社 1966 年版。

[2]　Rostow W W, *The Stages of Economic Growth*：*A Non-communist Manifesto*（Cambridge：Cambridge university press，1990）.

理论"也认为，任何经济增长阶段所必需的一个首要策略是要调动国内外资金，以获取足够的资本积累进行投资，进而促进工业化和经济增长。① 这样的论断也为发达国家对发展中国家的发展援助提供了理论基础。

基础设施是资本的一种表现形式，对发展中国家工业化具有重要影响。罗森斯坦-罗丹（Rosenstein-Rodan）在其提出的"大推进（Big Push）"理论中认为，在一般产业投资之前，国家应具备在基础设施方面的积累。这是因为社会分摊资本（即基础设施）的供给具有不可分性，必须有一个最小规模才有生产能力，如果达不到这一最小规模，则无法形成事实上的资本形成，也无法促进工业化发展。因此，与基础设施互相联系、互相促进的项目必须同时建成才能发挥作用，产生外部经济效应。② 发展中国家在工业化的初期，应把资本主要投向基础设施以及具有产业联系的轻工业部门，而不是重工业部门。同时他认为大推动所需资本的主要来源有两个：一是国内。在不降低国内原有消费水平的基础上，利用一切可能利用的资本增加投资。二是国际。发展中国家的工业化绝不能仅仅依靠国内资本，还

---

① 这一促进机制可以在"哈罗德-多马增长模型（Harrod-Domar Growth Model）"中进行说明，这里不做详细展示。

② 外部经济效应的含义有二：一是对相互补充的工业部门进行投资，能够创造出互为需求的市场，这样就可以克服发展中国家国内市场狭小，在需求方面阻碍经济发展的问题；二是对相互补充的产业部门同时进行投资，可以降低生产成本、增加利润，为增加储蓄、提供再投资的资本创造条件，有助于克服在供给方面阻碍经济发展的障碍。

要依赖大量的国际资本引进。① 当然资本的形成和来源问题也是纳克斯对大推进理论的最大质疑。沃尔特·罗斯托将基础设施建设视为社会先行资本，认为最小规模的基础设施发展是实现经济起飞的必要（但不充分）条件，当然这一规模应视不同国家不同情况而定。② 可见，基础设施对发展中国家工业化发展至关重要，但资本的匮乏使得基础设施建设成为当前发展中国家工业化的一大挑战。

4. 技术与知识

以罗伯特·索洛（Robert Solow）为代表学者的新古典增长理论指出，劳动和资本各自的规模收益是递减的，这两种要素只能部分解释产出的增长，带来长期增长的其他一切因素都源自技术的进步，而技术水平是外生给定的。③ 对技术的强调契合了张培刚提出的第三种工业化基本因素，也即生产技术。新古典增长理论无疑是具有历史意义的，但这一理论的理论预测

---

① Rosenstein-Rodan P N, "Problems of Industrialisation of Eastern and South-eastern Europe," *The Economic Journal* 53(1943). 但也有人指出，首先，大推进理论忽略了专业化分工和比较优势的客观存在；其次，大推进所需巨额资本难以得到；最后，大推进理论过分强调政府计划的作用，而忽视发挥市场经济的作用。

② Rostow W W, *The Stages of Economic Growth*: *A Non-communist Manifesto*(Cambridge: Cambridge university press, 1990).

③ Solow R M, "A Contribution to the Theory of Economic Growth," *The Quarterly Journal of Economics*, no. 1(1956); Romer P M, "Endogenous Technological Change," *Journal of Political Economy*, no. 5(1990).

与国际发展实际是不完全符合的：该理论认为各国的经济增长将趋于一致，而事实是各国的经济增长率存在广泛的差异。同时该理论没有探讨技术进步的来源，而假定技术进步为外生，这无法为发展中国家制定工业化发展政策提供理论指导。

基于对新古典增长理论的继承和批判，内生技术进步的经济增长理论得以发展起来。其中 20 世纪 60 年代肯尼斯·阿罗（Keneth J. Arrow）的"干中学"模型最具开创性。阿罗将技术进步看成由经济系统本身决定的内生变量，并将其视作实践经验积累的产物。进而 20 世纪 80 年代以来，以罗默、卢卡斯等为代表的一批经济学家提出了内生增长理论。与新古典增长理论不同的是，内生增长理论将技术进步看作人力资本和知识密集型企业投资的一个内生结果。罗默认为，由于知识的溢出效应，知识积累和投入具有边际生产力递增的特性，知识和人力资本存量才是决定增长率的关键。① 卢卡斯认为，人力资本与一般劳动不同，其形成需要教育的投入。人力资本的积累可以对生产率产生直接正向促进影响，同时具有外部性，从而保证要素收益递增。② 在这样的理论指导下，加强对人力资本的投资以及对知识密集型企业的鼓励政策是题中之义。

---

① Romer P M，"Increasing Returns and Long-run Growth,"*Journal of Political Economy*，no. 5(1986).

② Lucas Jr R E，"On the Mechanics of Economic Development,"*Journal of Monetary Economics*，no. 1(1988).

发展中国家在技术上无疑处于劣势地位，但这并不意味着发展中国家工业化要依赖较高的研发投入与原创性技术创新来推动本国技术进步。理论和实践都表明，发展中国家发展初期可以充分利用"后发优势"，通过技术转移和技术引进的方式实现技术进步，这也是内生增长理论关于知识溢出的政策含义所在。林毅夫的后发优势理论认为，"欠发达国家在按照由本国的技术水平和工资水平所决定的比较优势发展时，只要欠发达国家可以通过从发达国家引进技术并获得比发达国家更快的技术变迁速度，那么欠发达国家不但不会陷入永远生产低技术产品的陷阱，反而使得欠发达国家有着比发达国家更快的经济增长速度，并最终实现欠发达经济向发达经济的收敛"①。发展中国家技术转移的路径包括从发达国家进口资本品、吸引跨国企业直接投资、工程咨询、教育培训、专利权协议等；技术引进包括成套生产技术引进、关键设备引进、专有技术或专利技术引进、智力引进和技术人才引进等。与此同时，发展中国家在技术引进时还应注意以下几点：一是发达国家资本丰裕而劳动相对稀缺，其生产技术一般注重节约劳动而资本密集。发展中国家应当重视相关技术特点，以免不加区别地引进而导致失业增加和就业不足。二是技术引进应与技术创新、技术扩散相结合，

①　林毅夫、张鹏飞：《后发优势、技术引进和落后国家的经济增长》，《经济学（季刊）》2005 年第 4 期。

注重自身技术能力的培养和提高，重视自身研发工作，构建起本国技术进步体系。

5. 制度

张培刚最初把社会制度这一因素看作给定的，没有给予足够的分析。20 世纪 70 年代以来，新制度经济学的兴起弥补了这一缺憾。它运用交易成本的概念，将制度分析纳入古典经济理论之中，建立了一套以成本—收益比较作为基础的制度研究方法，为人们提供了一个有效的分析框架。尤其是 20 世纪 90 年代以后，罗纳德·科斯（Ronald H. Coase）和道格拉斯·诺思（Douglass C. North）分别在 1991 年和 1993 年因为他们在新制度经济学领域的贡献而获得诺贝尔经济学奖，更多发展经济学家对经济发展中的制度问题给予了高度重视。在《西方世界的兴起》一书中，诺思试图用专利制度的建立来解释工业革命以及西方世界的兴起。他认为有了专利制度，能够使得技术创新获得的私人收益接近于社会收益，而技术创新被广泛地应用于社会生产之中，最终引发了工业革命。[1] 进一步，诺思在其著名的《制度、制度变迁与经济绩效》一书中指出，"制度在社会中具有更为基础性的作用，它们是决定长期经济绩效的根本因素"[2]。德隆·阿西

---

[1] 道格拉斯·诺思、罗伯斯·托马斯：《西方世界的兴起》，厉以宁、蔡磊译，华夏出版社 2009 年版。

[2] 道格拉斯·诺思：《制度、制度变迁与经济绩效》，杭行译，格致出版社、上海三联书店、上海人民出版社 2014 年版。

莫格鲁(Daron Acemoglu)和詹姆斯·罗宾逊(James A Robinson)在他们的畅销书《国家为什么会失败》中得出的结论更为直白，即政治和经济制度对经济成功(或不成功)至关重要。[①]

　　"后发劣势理论"认为发展中国家倾向于模仿发达国家的技术和管理而不去模仿其制度，这虽然能使发展中国家在短期内获得快速经济增长，但会强化国家机会主义，给长期发展留下许多隐患。持此观点的西方学者认为发展中国家往往制度质量较差，故而在经济追赶的时候表现出"后发劣势"。因此，发展中国家应由难而易，先完成较难的制度模仿，才能克服后发劣势。[②] 从这个意义上说，发展中国家看似可以通过改革低质量的制度和采用所谓的良好制度或"最佳实践(Best Practices)"来解决经济问题并赶上发达经济体。但是制度与经济发展之间的直接关系仍是一个具有争议的话题。国际发展经验表明：首先，即使可以找出不利于经济表现的制度，但要改变这种制度往往具有挑战性；其次，制度与经济发展之间的关系并不总是那么直接。例如，撒哈拉以南非洲和拉丁美洲的发展中国家在 20 世纪 60 至 70 年代享有快速经济增长，但当时它们缺乏自由主义导向的制度。然而，在以自由化为导向的体制改革之后，这些

---

　　① 德隆·阿西莫格鲁、詹姆斯·A. 罗宾逊：《国家为什么会失败》，李增刚译，湖南科学技术出版社 2015 年版。

　　② 详细讨论见 Jeffrey Sachs、胡永泰、杨小凯：《经济改革和宪政转轨》，《经济学(季刊)》2003 年第 3 期。

国家的经济增长却不能令人满意。[1] 这样的现实让人们对基于
制度是游戏规则(Institutions-As-Rules)的制度变迁外生给定的
论断进行了反思。内生制度变迁理论因其更强的分析优势和有
益的政策启示而日益受到欢迎,其中代表性学者包括阿夫纳·
格雷夫(Avner Greif)和青木昌彦(Masahiko Aoki)[2]。内生制度
变迁基于制度是博弈的均衡(Institutions-As-Equilibria),认为
制度变迁是由一种共同信念及其相关行为的改变所导致的,这
种改变是通过反馈机制在重复博弈中内生地产生的。其中共同
信念是制度变迁的关键,而这种共同信念的形成和改变需要知
识的积累及其外部性的作用。内生制度变迁理论的政策含义表
明,发展中国家制度改革要在知识的学习和积累的同时尊重经
济体自身内生的力量,对制度作出适应性调整以符合自身发展
需求。

6. 政府的角色

上述关于工业化和经济发展驱动因素的讨论均未涉及政府
在工业化过程中的作用问题。政府在经济发展中的角色问题是

---

[1] 关于制度与经济增长关系的详细讨论见 Chang H J, "Institutions and E-
conomic Development: Theory, Policy and History," *Journal of Institutional Eco-
nomics*, no. 4(2011)。

[2] Greif A, *Institutions and the Path to the Modern Economy: Lessons from
Medieval Trade*, (Cambridge: Cambridge University Press, 2006); Aoki M,
"Endogenizing Institutions and Institutional Changes," *Journal of Institutional Eco-
nomics*, no. 1(2007).

经济学领域最具争议性和挑战性的一个话题。人们往往陷入两个极端观点而无法在市场力量和政府作用之间找到平衡：一种观点认为政府也是自利的和非理性的，同时缺乏充分的决策信息，因此政府干预会使事情变得更糟；另一种观点认为有效的政府不仅是必要的，而且可以通过政府的干预实现经济的充分发展。① 国际发展实践表明，仅仅靠市场的力量无法实现工业化，产业政策也是成功工业化的一个条件。② 2008 年世界银行的《增长报告：可持续增长和包容性发展的战略》对第二次世界大战后发展中国家工业化和经济发展进行回顾，总结出了五条经验，其中除了充分利用了国际经济、保持了宏观经济的稳定、积聚了很高的储蓄率和投资率、允许由市场来配置资源外，还包括了拥有敢作敢为、值得信赖和精明强干的政府。③

　　新结构经济学的倡导者林毅夫也强调在工业化过程中有为政府的作用。他认为发展中国家必须通过有效市场与有为政府的结合，保证经济按照其要素禀赋结构所决定的具备潜在比较优势的行业来发展工业化，进而探寻与产业结构相配套的制度

---

① 迈克尔·托达罗、斯蒂芬·史密斯：《发展经济学（原书第十二版）》，聂巧平、程晶蓉译，机械工业出版社 2020 年版。

② Haraguchi N, Martorano B and Sanfilippo M, "What Factors Drive Successful Industrialization? Evidence and Implications for Developing Countries," *Structural Change and Economic Dynamics* 49(2019).

③ World Bank, *The Growth Report: Strategies for Sustained Growth and Inclusive Development*, 2008.

安排。他还指出："产业多样化和产业升级的本质是一个创新过程，在这个过程中，一些先驱企业会为经济中的其他企业创造公共知识，任何一个企业对这些公共知识的消费都不会影响其他企业对它们的消费，而且没有一家企业能够对这些公共知识做到完全排他性的占有；并且，个体企业在做投资决策时无法完全内化对基础设置的改进，而基础设置的改进却对其他企业产生大量的外部性。因此，在市场机制以外，政府还必须在发展过程中发挥积极而重要的协调或提供基础设置改进以及补偿外部性的作用，以促进产业的多样化和升级。"①

在对企业家管理创新才能这一工业化驱动因素的讨论中，张培刚也指出了发展中国家政府需要扮演的角色问题。他认为，由于发展中国家面临天生缺少私人企业家的社会经济条件，在工业化起步阶段，创新活动不得不由国家（政府）来代替，如动员储蓄、提高投资率、计划安排投资、建立一些工业部门等。但他还指出："随着工业化的不断推进，如果仍然强调政府持续对私人企业家的替代，则是不合理和十分有害的。政府对企业家全面而持续的替代，在中央集权体制国家中表现得最为明显，问题也最为严重。"②因此，关于政府作用的讨论的挑战在于在特定时间、特定情况下，为特定国家找到最佳的制度安排，以

---

① 林毅夫：《新结构经济学——重构发展经济学的框架》，《经济学（季刊）》2010年第1期。

② 张培刚：《农业与工业化（中下合卷）》，华中科技大学出版社2002年版。

清晰地界定政府与市场的边界问题。

7. 外贸与外资

以上所述均是对一国或地区内部因素的讨论，而对于经济全球化充分发展的今天而言，对发展中国家工业化发展外部因素的讨论是不可或缺的。张培刚认为对外贸易和引进外资是发展中国家工业化和经济增长的两个重要外部要素，他曾对外资和外贸对发展中国家工业化的作用进行了较为系统的论述。[①] 主要发达国家在早期工业革命时期就充分利用了国际市场推动其工业化发展。第二次世界大战以后的中国香港、中国台湾、韩国、新加坡和 20 世纪 70 年代末以来的中国无一例外地充分利用了对外贸易和引进外资实现了工业化发展和经济起飞。

外贸对发展中国家工业化的促进作用主要体现在三个方面：从需求角度讲，出口的增长有利于扩大本国产品市场，从而增加本国产出和就业。从供给方面讲，发展中国家可以通过出口初级产品、进口先进机器和设备达到工业资本积累的目的。从生产效率角度讲，古典经济学理论认为，生产效率由分工决定，但是分工深度受市场规模的影响，分工会随市场规模的扩大而加深，进而提高生产效率；对外开放程度的提高有助于一个国家或地区参与世界分工，加入国际市场和全球价值链之中，可以加速其分工的深化，进而提高生产效率和经济发展水平。因

---

① 张培刚：《农业与工业化(中下合卷)》，华中科技大学出版社 2002 年版。

此，世界范围内贸易开放是工业化发展和经济结构转型中不可缺少的一环。

外资一般分为外国援助（Foreign Aid）和外国投资（Foreign Investment）两种，其对发展中国家工业化的促进作用可以从三方面进行阐释：一是如前文所述，发展中国家一般缺少工业化发展所需资本。而吸引外资是发展中国家加速资本形成和积累的重要方式，可以在一定程度上解决发展中国家资本不足和外汇短缺的问题。二是吸引外资也是发展中国家引进先进技术和管理理念的重要手段，外资企业的生产经营活动所产生的知识溢出效应符合内生增长理论对经济增长的要求。三是外资企业的投资活动有利于本国扩大就业机会，提高国内消费水平。

对于发展中国家而言，老生常谈却又十分重要的一点是，对外开放是一把"双刃剑"（对于对外发展合作负面影响的论述见第五章）。在经济全球化背景下，即便是逆全球化广泛传播的今天，"闭关锁国"无法实现经济的发展。但对外开放也并非程度越高越好，20世纪80年代初拉丁美洲的债务危机便是很好的教训。正如 Rodrik 所说的那样："没有一个国家是单纯依靠对外贸易和投资来发展的。发展的关键在于将全球市场提供的机会，国内投资和制度建设战略结合起来，以激发国内企业家精神。"①

---

① Rodrik D, *The Global Governance of Trade: As If Development Really Mattered*, UNDP, 2001.

(三)发展中国家过早去工业化

在绪论章节我们提到了发展中国家过早去工业化的问题。20世纪80年代以来,有些发展中国家在远没有达到发达国家的收入水平的情况下却出现了类似发达国家的"去工业化"趋势。那么,什么是去工业化?发达国家为什么会出现去工业化的趋势?发展中国家过早去工业化的原因是什么,影响如何?对于这些问题的把握能让发展中国家更好地应对过早去工业化的现象。

1. 什么是去工业化和过早去工业化?

与工业化的定义相对应,去工业化一般被理解为一国或地区制造业就业份额和产出份额的不断下降的过程。其伴随过程还包括制造业贸易占世界份额的下降,制造业生产能力的下滑,以及制造业投资和制成品消费比例的减少等。在相关研究文献中,基于指标可得性和公众可认知性,学者们更多使用基于制造业就业的指标来衡量去工业化。当然其他界定指标还包括制造业贸易额占比和制造业增加值占 GDP 比重等。

传统上我们认为,去工业化是经济发展的一般规律,是产业结构"高级化"的必然表现,也是发达国家经济发展的"典型事实"。无论是配第-克拉克定理,还是库兹涅茨工业化三阶段理论都认为,随着经济的发展,产业结构逐渐从第一产业向第二产业进而向第三产业转移,工业化与人均收入呈倒 U 形关

系，也即先上升后下降的趋势。而 20 世纪 70 年代以来下降的
那部分过程被称为去工业化(见图 2.2)。

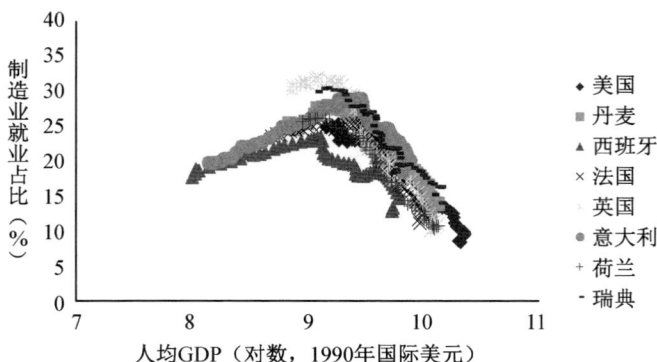

图 2.2　1948—2011 年主要发达国家制造业就业占比①

另一类关于去工业化的定义是从地理学的角度进行解释的,
是指在资本逐利性质的驱使下,制造业从发达经济体转移到发展
中经济体,或者从大都市转移到郊区或其他生产成本相对低廉的
边远地区的过程,也即强调的是制造业地理位置的转移。纵观世
界工业化历史,制造业大致经历了五次地理转移(见表 2.4),而
每次地理转移都或多或少伴随着输出地的去工业化过程。

表 2.4　全球制造业五次地理转移

时间	输出地	输入地
19 世纪末 20 世纪初	欧洲(英国、德国)	美国

---

① van Neuss L, "Globalization and Deindustrialization in Advanced Countries," *Structural Change and Economic Dynamics* 45(2018).

续表

时间	输出地	输入地
20 世纪 50 年代	美国	日本
20 世纪 60—70 年代	美国、日本	中国香港、中国台湾、韩国、新加坡
20 世纪 80—90 年代	中国香港、中国台湾、韩国、新加坡	中国大陆
2010 年前后至今	中国	东南亚、非洲

注：作者根据公开资料整理。

直到 2008 年金融危机爆发后，主要发达国家过度去工业化所带来的问题才得到广泛的重视，其纷纷开始反思过去的"去工业化"发展思路，为实现"再工业化"而努力。而去工业化的范围也超过了发达国家和后工业经济体，一些发展中国家的去工业化过程被称为过早的去工业化或早熟的去工业化过程，也即一些发展中国家在远没有达到发达国家的收入水平的情况下却出现了制造业就业份额和制造业产出份额下降的情况，这些国家包括拉丁美洲和部分非洲国家。[①]

2. 去工业化与过早去工业化的因素

学者们从人均收入与消费结构的关系、劳动生产率、经济全球化下的贸易与投资、技术进步、资源禀赋等角度对发达国

---

① Dasgupta S and Singh A，"Manufacturing，Services and Premature Deindustrialization in Developing Countries：A Kaldorian Analysis，"in *Advancing Development*（New York：Palgrave Macmillan，2007）.

家和发展中国家去工业化的原因进行了大量探讨。其中对发达国家去工业化的原因分析主要包括以下四点。

第一，人均收入与消费结构的关系。人均收入的持续增加会改变消费者的需求结构，导致他们从制造业产品的需求转向服务业产品的需求，进而导致发达国家去工业化。依据恩格尔法则，人均收入在农业产品（如食物和必需品）和工业制成品（如舒适品和奢侈品）之间分配：当人均收入较低时，总支出中用于农业产品的比例较高，而用于工业制成品的比例则较低；而随着人均收入的提高，总支出中农业产品的比例下降，而用于工业制成品的比例则会逐渐上升。克拉克将这种分析扩展到了服务产品，指出人均收入高低影响其对农产品、制造业产品和服务的相对需求。他认为随着人均收入的增加，人们从对农产品的需求会向工业制成品转移。由于工业制成品具有耐用性，人们对其的需求将会出现先上升再下降的趋势，而下降的部分会为服务需求所替代，进而服务业得到发展。[①] 这样就建立起了制造业向服务业转移的逻辑，而其伴随过程便是去工业化过程。

第二，劳动生产率。服务业的劳动生产率的增长比制造业的增长要慢，这样服务业产品的相对价格被推高，而制造业产品价格相对便宜。当制造业和服务业的产出以不变价格衡量时，

[①] 科林·克拉克：《经济进步的条件》，张旭昆、夏晴等译，中国人民大学出版社 2020 年版。

总支出从制造业产品向服务业产品的转移变得不那么显著，这与就业从制造业向服务业转移的规模完全不同。因此，发达国家制造业就业份额的下降（也即去工业化）是经济发展的自然过程，主要归因于服务业和制造业相对生产率的变化，相对产出的变化是次要原因，而南北贸易的影响是不显著的。①

第三，经济全球化的贸易与投资。从经济全球化的角度去理解发达国家去工业化依然有其理论可信性。经济全球化激励着不同国家和地区遵照比较优势原理来组织生产。一方面，发达国家资本和技术相对丰裕，而发展中国家劳动力资源相对丰裕。因此，在经济全球化的贸易进程中，发达国家倾向于生产并出口资本和技术密集型产品，而进口劳动密集型产品，由于非资本和技术密集型制造业的生产减少，劳动力将转移到技能密集型制造和非贸易品生产，发达国家对熟练工人的需求增加，而对非熟练工人的需求则不断减少，由此导致发达国家制造业就业份额不断下降。另一方面，随着更大程度的自由贸易出现，逐利的资本可以在全球范围内进行投资，促进了劳动密集型制造业产品的生产由劳动力成本较高的发达经济体向劳动力成本较低的发展中国家转移。从这个意义上讲，发达国家去工业化

---

① Rowthorn R and Ramaswamy R, *Deindustrialization: Its Causes and Implications*(Washington DC: International Monetary Fund, 1997); Rowthorn R and Ramaswamy R, "Growth, Trade, and Deindustrialization," *IMF Staff Papers*, no. 1(1999).

也是资本和劳动国际化影响的产物。

第四，技术进步。科技创新和技术进步导致制造业劳动生产率以及熟练劳动需求大幅度提高，进而意味着制造业对非熟练劳动需求的下降和熟练劳动力成本上升。尤其是工业 4.0 背景下，制造业产品生产呈现出更多的自动化、智能化、数字化的趋势，也加速了去工业化的进程。

以上原因分析中，除了技术进步以外都只能解释发达国家的去工业化问题，而在发展中国家过早去工业化问题上的解释力是不够的。发展中国家过早去工业化有其独特的原因。

首先是"荷兰病"带来的"资源诅咒"。缺乏自然资源比较优势的国家在其发展过程中更倾向于专注制造业产品的出口，因而在制造业部门有更多的就业人数，而自然资源富裕的国家则倾向进口制造业产品，出口资源密集型产品，这样便"挤出"了制造业部门的就业，因而制造业就业人数比率更低。这也是"资源诅咒"导致去工业化的一个解释。

其次是政府的产业政策。Tregenna 认为发展中国家的过早去工业化是由政策转变引起的，而不是像发达经济体一样，是与成熟工业化相关联的一个渐进过程。贸易自由化、市场自由化、紧缩的货币政策和金融自由化等新自由主义经济政策会导致过早的去工业化。[1] 这些政策使得发展中国家只专注于其当前的比较优势而不是长期动态比较优势。西方国家和国际机构发展指导下的非洲和拉丁美洲发展中国家的过早去工业化更倾向于这一类原因。[2]

最后是发展中国家之间的竞争。低收入国家所面临的情况是人均收入水平相对较高的发展中经济体（特别是中国）能够以较低的单位成本生产商品。而规模经济、正外部和制造业网络的重要性，导致这些国家在制造业国际竞争中处于劣势地位，而无法闯入制造业产品市场。[3]

3. 去工业化与过早去工业化及其影响

从卡尔多的观点来看，制造业具有更大的学习空间，可以边做边学，增加规模回报，提高整体的累积生产率，与国内经济的其他部门保持强劲的增长联系，促进技术进步等特征，使其对经济增长具有特殊的引擎作用。这意味着制造业在经济中所占比重下降的去工业化，可能导致中长期经济增长前景的恶化。Reinert 甚至认为"即使一个国家的制造业效率低下，也比

---

[1] Tregenna F, "Deindustrialization and Premature Deindustrialization," in *Handbook of Alternative Theories of Economic Development*, ed. Ghosh J, Kattel R and Reinert E(Cheltenham: Edward Elgar Publishing, 2016).

[2] Dasgupta S, Singh A, "Manufacturing, Services and Premature Deindustrialization in Developing Countries: A Kaldorian Analysis," in *Advancing Development*(London: Palgrave Macmillan, 2007).

[3] 更详细的分析见 Tregenna F, "Deindustrialization and Premature Deindustrialization," in *Handbook of Alternative Theories of Economic Development*, ed. Ghosh J, Kattel R and Reinert E(Cheltenham: Edward Elgar Publishing, 2016)。

一个没有制造业的国家要好得多"①。

大多数的经验研究也支持了这样的观点。去工业化对经济增长的负影响主要通过这样几种途径实现：第一，生产率。当劳动力从高生产率的制造业部门流向低生产率的服务业部门时，将带来效率的损失。第二，资本投入。因为服务业资本劳动比率一般较低，随着劳动力从制造业向服务业的转移，将会减少对资本的总需求以及整体经济中的最终资本投入。第三，技术进步。制造业是技术创新和扩散的源泉，也是经济深化发展和创造就业机会所导致的需求增长的源泉。②

基于三方面原因的考虑，Tregenna认为发展中国家过早去工业化的负面经济影响可能会更加明显。③ 一方面，与发达国家的去工业化相比，发展中国家过早去工业化通常不仅发生在人均收入水平较低的国家，而且也会发生在制造业在经济中所占份额较低的国家。这表明这些国家在去工业化开始时从制造业中获得的广泛经济增长的好处会减少。另一方面，在过早去

① 转引自 Tregenna F，"Deindustrialization and Premature Deindustrialization，"in *Handbook of Alternative Theories of Economic Development*，ed. Ghosh J，Kattel K and Reinert E(Cheltenham：Edward Elgar Publishing，2016)。

② 王展祥、王秋石、李国民：《去工业化的动因与影响研究——一个文献综述》，《经济问题探索》2011年第1期。

③ Tregenna F，"Deindustrialization and Premature Deindustrialization，"in *Handbook of Alternative Theories of Economic Development*，ed. Ghosh J，Kattel R and Reinert E(Cheltenham：Edward Elgar Publishing，2016)。

工业化的情况下，服务业不太可能是具有卡尔多所描述的令人满意经济增长质量的技术先进服务业。在发达国家去工业化过程中，至少有一些取代制造业的服务业是相对高技术、高技能、可贸易、报酬递增且与其他经济部门联系紧密的服务业。而在发展中国家的去工业化过程中，取代制造业的服务业更倾向于低附加值的消费服务。第三，发展中国家和发达国家去工业化的原因是不同的。前者的过早去工业化通常是由政策转变引起的，特别是贸易自由化和紧缩的货币政策，而不像发达经济体那样，是渐进式的"成熟"去工业化。

因此，发展中国家面对过早去工业化的挑战需要尤其加以重视。对于发展中国家来讲，工业化很重要，但工业化的路径同样重要。当前发展中国家的挑战不在于如何快速提高制造业在经济中的比重，而是找到一条适合自身的工业化道路，实现经济的可持续发展。

第三章 | 共建"一带一路"国家农业
与制造业发展

一、共建"一带一路"国家农业生产效率

农业是一国或一地区经济发展的基础性
产业，农业部门不仅对国民经济具有巨大贡
献，农业生产效率提高对工业化也具有十分
重要的意义。较低的农业劳动生产率导致较
低的资本积累往往被称为经济增长恶性循环
的开端，而提高农业劳动生产率是打破经济
增长恶性循环的开始。

（一）共建"一带一路"国家农业生产效率及其世界对比

根据世界银行数据，共建"一带一路"国家农业增加值占GDP比重均值约为12%，高于中等收入国家水平（8.09%），远高于世界平均水平（3.55%）。其中，塞拉利昂农业增加值占GDP比重达到54.34%，乍得、利比里亚、尼日尔、马里、肯尼亚、中非、埃塞俄比亚、科摩罗、几内亚比绍的农业增加值占比也都超过了30%，属于典型的农业国，另外有超过20个国家的农业增加值占其GDP比重在20%～30%，超过25个国家的农业增加值占比在10%～20%。为了解共建"一带一路"国家农业生产效率情况，我们考察了这些国家的农业劳动—土地比和农业产出—劳动比情况（如图3.1所示）。其中农业劳动—土地比是指农业劳动力与农地面积的比值，表示单位农地面积劳动力数量，一定程度上代表了技术不变条件下农业劳动受边际产出递减规律影响的情况；农业产出—劳动比是农业总产出与农业劳动力的比值，表示单位劳动力农业产出水平，一定程度上表征农业劳动生产效率。从图3.1中可以得知，随着国家收入水平的提高，农业劳动—土地比逐渐下降，代表着农业劳动力向现代工业和服务业部门的转移；农业产出—劳动比逐渐上升，代表着农业劳动生产效率的提升。

从世界整体水平来看，全球农业劳动—土地比经历了从缓

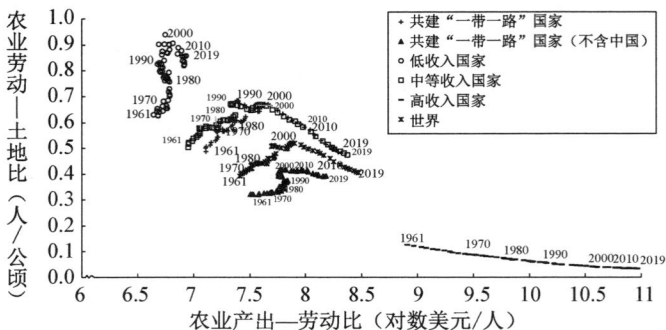

图 3.1 共建"一带一路"国家农业劳动—土地比与农业
产出—劳动比动态变化及其世界对比(1961—2019 年)

注：作者根据美国农业部数据制图①，其中美元为 2015 年不变价美元，并以购买力平价美元计。

慢上升到快速下降的倒 U 形过程。从 20 世纪 60 年代初的低于
0.4 缓慢上升到 21 世纪初的略高于 0.5，也即近 40 年间上升了
0.1 左右；进入 21 世纪后，从略高于 0.5 下降到 2019 年的
0.4 左右，也即近 20 年下降超过 0.1。表明进入 21 世纪后，全
球农业部门劳动力正逐渐转移到非农业部门。从农业产出—劳
动比角度看，农业劳均产值也经历了由缓慢增长到快速增长的
过程。21 世纪初以前，农业劳均产值增长 1000 美元花了超过

---

① 由于数据可得性问题，本图中共建"一带一路"国家数据不包括安提瓜和
巴布达、巴巴多斯、汤加、库克群岛、新加坡、格林纳达、塞舌尔、多米尼克、
纽埃、基里巴斯、萨摩亚。同时有些国家数据仅部分年份可获取，包括波黑、克
罗地亚、捷克、厄立特里亚、埃塞俄比亚、卢森堡、黑山、北马其顿、塞尔维亚、
斯洛伐克、斯洛文尼亚、南苏丹、苏丹。由于相对总体而言，这些国家农业部门
规模非常有限，且我们采用的是相对值而非绝对值，因此不会对整体结论产生重
大影响。源数据可获取于美国农业部。

40 年的时间，而进入 21 世纪后的不到 20 年时间里，农业劳均产值增长了 2000 美元。如果单看 21 世纪初以前的农业劳动—土地比与农业产出—劳动比两个指标，似乎随着农业劳动—土地比值的上升，农业劳动生产效率并没有受到边际产出递减规律的限制，但这里没有考虑农业技术进步带来的影响。事实上随着第二次世界大战后工业化的持续推进，农业技术得到了显著提升，尤其体现在机械、灌溉技术、化肥等在农业部门的应用上。

从低收入国家群体看，随着时间的推移，农业劳动—土地比不断增加，直到进入 21 世纪以后这一现象才有所缓解。对应地，这些国家的农业产出—劳动比增长极其缓慢，甚至有所减少，直到 2019 年农业劳均产出才略超过 1000 美元，远低于世界平均水平的 4776 美元。这也表明了低收入国家农业劳动生产效率较为低下。对比来看，中等收入国家农业劳动—土地比与农业产出—劳动比的变化一定程度上代表了世界的发展趋势，只是这些国家农业劳动—土地比略高于世界平均水平。而农业劳均产值略低于世界平均水平；高收入国家的农业劳动—土地比则不断下降，农业产出—劳动比不断上升，2019 年农业劳均产值达到 5.7 万美元/人，是同期低收入国家单位农业劳动—产出的 56 倍。

共建"一带一路"国家的农业劳动—土地比和农业产出—劳动比变化有与中等收入国家和世界类似的经历，也即农业劳动—土地比呈现出从缓慢上升到快速下降的倒 U 形过程，农业劳均产值经历了由缓慢增长到快速增长的过程。但如果剔除中国的影响，这一过程则会大为不同。① 不包括中国的共建"一带一路"国家农业劳动—土地比先后经历了缓慢上升、然后快速上升、再缓慢下降的过程，且总体上这些国家农业劳动—土地比值低于包括中国的共建"一带一路"国家，也低于世界均值；而不包括中国在内的共建"一带一路"国家农业产出—劳动比先后经历了先快速上升、然后趋于停滞、再相对快速上升的过程，且总体上略高于包括中国的共建"一带一路"国家，直到 2010 年左右后者超过前者。2019 年后者农业劳均产值为 4098 美元，前者为 3579 美元，但无论如何均低于 4776 美元的世界平均水平。

相较于世界平均水平而言，不包括中国在内的共建"一带一路"国家在较低的农业劳动—土地比条件下，理应拥有更高的农业劳动生产效率，但事实上并没有出现这种情形。一个可信的推测是这些国家或因对农业发展不够重视或因相关工业部门（农业机械、化肥等工业）发展缓慢导致农业技术进步受阻，进而影响了农业生产效率的提高。但不管怎样，这样处于相对劣势的农业发展状况将会对共建"一带一路"国家工业化发展产生不利影响。

---

① 这也从一个侧面表现出中国在农业领域对世界的贡献。

（二）共建"一带一路"国家内部农业生产效率对比分析

参与共建"一带一路"的国家总数已经达到 150 个，而这些国家农业生产效率之间存在很强的异质性。为了更好地分析共建"一带一路"国家内部的农业生产效率状况，图 3.2 给出了 2019 年各国农业劳动—土地比和农业产出—劳动比分布情况。

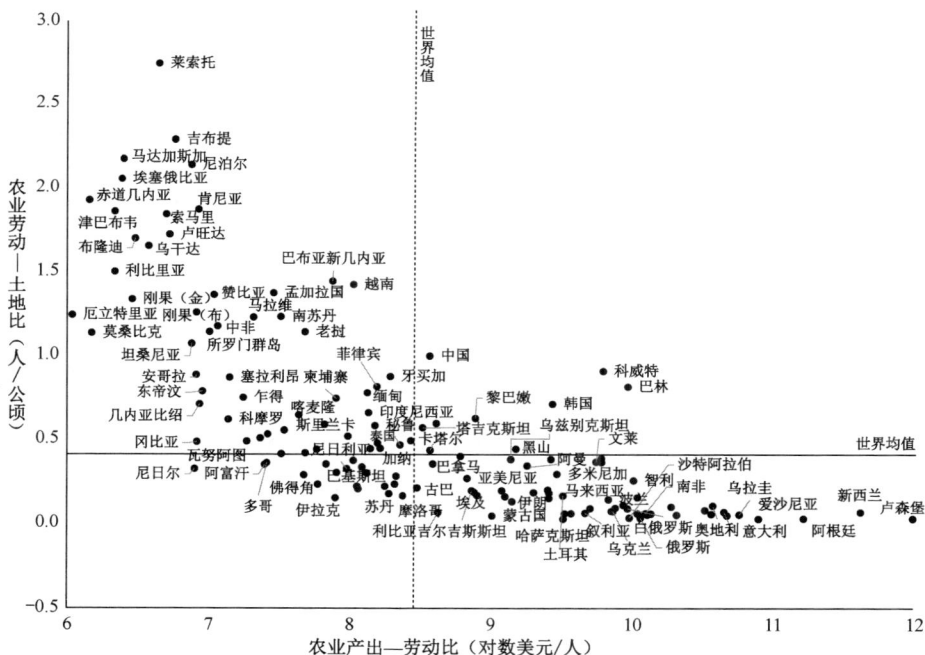

图 3.2 共建"一带一路"国家农业产出—劳动比与产出—劳动比（2019 年）

注：作者根据美国农业部数据绘制，其中美元为 2015 年不变价美元，并以购买力平价美元。

可以看到，共建"一带一路"国家中虽然大部分国家农业劳动—土地比低于 0.4038（人/公顷）的世界平均水平，但仅有 65 个国家农业劳均产值超过了 4776 美元/人的世界平均水平，大部分国家农业生产效率依然偏低。这说明，今后多数共建"一带一路"国家农业生产效率提高的压力可能并不在农业劳动力转移方面，而更多在于农业技术进步方面。尽管如此，仍然可以看到非洲和亚洲国家仍存在显著的农业劳动力转移压力，其中以非洲国家更甚，这集中表现在该地区较高的农业劳动—土地比和较低的农业产出—劳动比上面。农业劳均产值相对较高和农业劳动—土地比较低的国家主要分布在欧洲和拉丁美洲地区，表现为相对较高的劳动生产效率。此外，共建"一带一路"国家间劳动生产效率差距显著，其中农业劳均产值最高的卢森堡（162349.43 美元/人）是厄立特里亚（418.39 美元/人）的 388 倍，差距极大。

从图 3.3 中可以看到，十年间，共建"一带一路"国家中农业劳动—土地比下降幅度最大的国家均集中在亚洲和非洲地区，这些国家正在经历快速的农业劳动力转移；该比值上升幅度最大的国家主要集中在非洲地区，显示出较大的农业劳动力转移压力。根据世界银行数据，2019 年共建"一带一路"国家农业就业占总就业比重为 26.09%，其中非洲国家农业就业占总就业比重的均值超过 40%。在非洲国家中，有近 40 个国家农业就业占比超过 30%，20 个国家农业就业占比超过 50%，马拉维、乍得、尼日尔、乌干达、莫桑比克农业就业占比超过 70%，布隆迪和索马里农业就业占比更是超过 80%。

2010 年以来，共建"一带一路"国家中绝大多数国家农业生

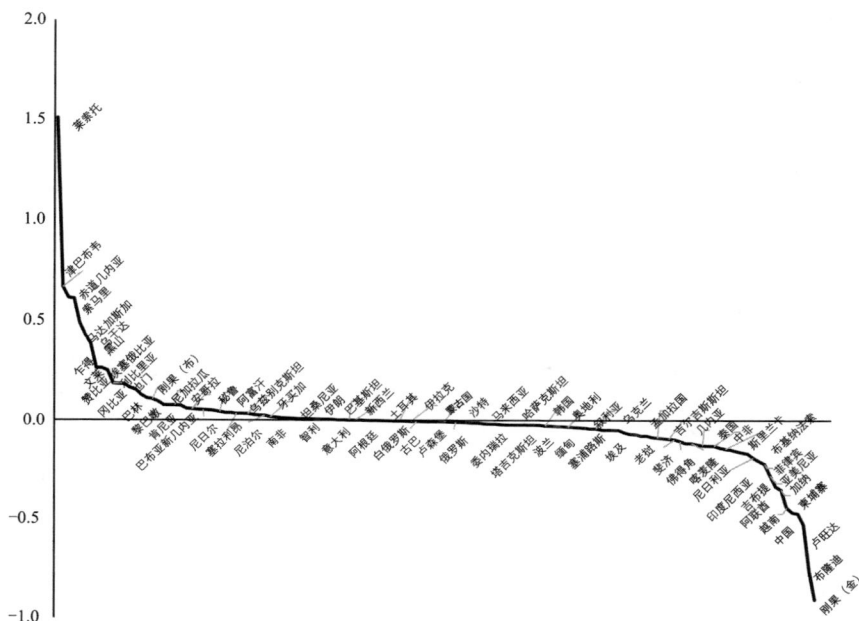

图 3.3 十年间共建"一带一路"国家农业劳动—土地比变动幅度（2010—2019 年）
注：作者根据美国农业部数据绘制。

产效率得到了一定提升，但也有约 30 个国家出现下降趋势。从平均来看，共建"一带一路"国家近十年间农业劳均产值上升了2416.34 美元。其中上升幅度较大的国家中以欧洲、拉丁美洲、亚洲地区国家居多，下降幅度较大的国家主要集中在欧洲和非洲国家（如图 3.4）。

综上可知，无论是从农业劳动—土地比还是农业产出—劳动比方面看，非洲地区国家都面临巨大的农业发展压力，尤其是在疫情冲击之下，其中包括经济复苏压力、粮食安全的压力、减贫的压力等。而这种压力并不一定意味着农业部门本身的问

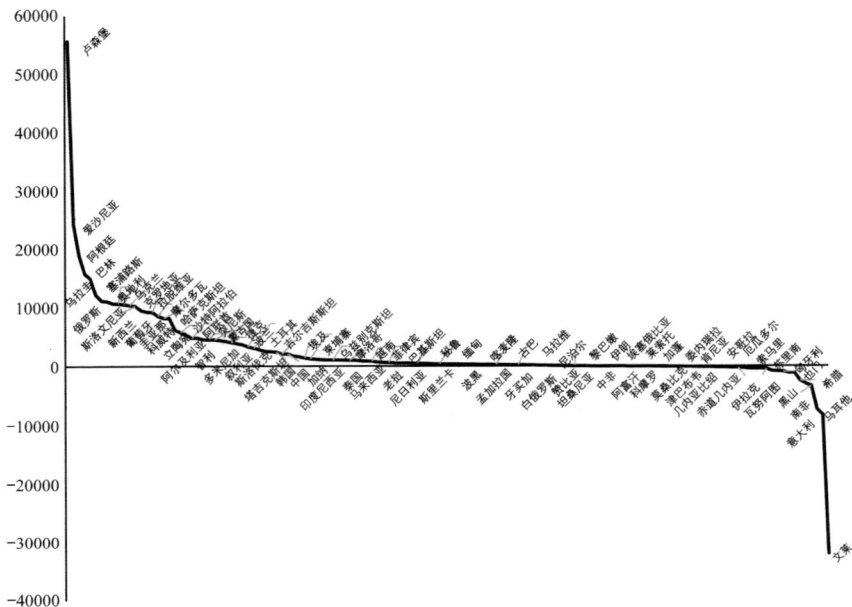

图 3.4 十年间共建"一带一路"国家农业产出—劳动比变动幅度（2010—2019 年）
注：作者根据美国农业部数据绘制。

题，也可能表明该地区羸弱的现代工业部门对农业部门的支持
是极其有限的。反过来，较低的农业生产效率同样会从产品、
要素、市场、外汇等多个方面限制这些国家的工业化发展。

二、共建"一带一路"国家制造业发展

学术界普遍认为，制造业发展是一国或一地区工业化发展
的集中体现，也是国家创造力、竞争力和综合国力的重要体现。

制造业比重的迅速增长，同时伴随着初级产品生产的相对重要性逐渐下降，是结构转型的重要特征。本部分将重点探讨共建"一带一路"国家制造业发展状况及其特点。

（一）共建"一带一路"国家制造业增加值规模

根据联合国工业发展组织统计数据，受国际疫情影响，2020 年全球制造业增加值规模较 2019 年萎缩约 1 万亿美元，到达约 13 万亿美元（2015 年不变价美元，下同）。全球制造业发展极其不均衡，高收入国家和中等偏上收入国家制造业增加值规模合计占到全球总规模的 91.46%[①]，中等偏下收入国家和低收入国家仅占到 8.54%（其中低收入国家占比仅为 0.37%）。

从区域上看（见表 3.1），制造业表现较差的国家主要集中在拉丁美洲和加勒比地区、非洲地区，2020 年，两地区制造业增加值规模占全球制造业增加值总规模比重分别仅为 5.03% 和 2.09%。可见，制造业以及工业化发展对于大多数发展中国家而言是任重道远的。共建"一带一路"国家制造业增加值规模占世界比重超过一半（53.44%）。如果不含中国，这一比值为 22.16%，也即其余国家制造业增加值总规模不及中国一国的制造业增加值规模。同时，不含中国的共建"一带一路"国家制造

---

① 如果不含中国，这一比重将下降为 60.18%，也即 2020 年中国对世界制造业增加值规模贡献超过 30%（31.28%）。因此总体上看，除中国以外，世界制造业发展是羸弱的，而中国的制造业发展至少在规模上对世界具有引领作用。

单位:%

表 3.1 共建"一带一路"国家制造业增加值占世界比重(1990—2020 年)

时间	共建"一带一路"国家	共建"一带一路"国家（不含中国）	亚太地区	亚太地区（不含中国）	非洲	欧洲	拉丁美洲与加勒比地区	北美地区	中国
1990	28.77	24.77	27.50	23.50	2.41	37.51	8.66	23.92	4.00
1991	29.27	24.77	28.82	24.32	2.39	36.99	8.86	22.94	4.50
1992	29.59	24.26	29.79	24.46	2.37	35.67	8.98	23.19	5.33
1993	30.07	23.81	30.71	24.45	2.20	33.94	9.24	23.90	6.26
1994	30.12	23.09	30.95	23.91	2.07	33.18	9.24	24.57	7.04
1995	30.69	23.17	31.76	24.24	2.00	32.40	9.03	24.80	7.52
1996	31.38	23.27	33.00	24.89	2.00	31.36	8.99	24.66	8.11
1997	31.73	23.21	33.22	24.70	1.96	31.02	9.04	24.75	8.52
1998	31.51	22.46	32.56	23.51	1.95	31.15	9.02	25.32	9.05
1999	31.96	22.50	32.86	23.40	1.96	30.76	8.56	25.85	9.46
2000	32.22	22.39	33.29	23.46	1.91	30.40	8.36	26.04	9.83
2001	33.48	22.79	33.81	23.12	1.96	30.95	8.36	24.92	10.69
2002	34.59	23.08	34.87	23.36	2.03	30.35	8.04	24.71	11.52

续表

时间	共建"一带一路"国家	共建"一带一路"国家(不含中国)	亚太地区	亚太地区(不含中国)	非洲	欧洲	拉丁美洲与加勒比地区	北美地区	中国
2003	35.58	22.94	36.18	23.54	1.94	29.36	7.81	24.71	12.64
2004	36.21	23.17	36.81	23.77	1.87	28.63	7.91	24.78	13.04
2005	37.01	23.27	37.82	24.08	1.88	28.00	7.86	24.45	13.74
2006	37.99	23.29	38.73	24.04	1.84	27.69	7.67	24.06	14.70
2007	39.43	23.26	40.21	24.05	1.84	27.13	7.51	23.31	16.17
2008	41.17	23.39	41.83	24.05	1.92	26.23	7.57	22.44	17.78
2009	44.18	23.25	44.80	23.87	2.05	24.10	7.42	21.64	20.93
2010	44.61	22.98	46.04	24.41	1.98	23.97	7.22	20.79	21.63
2011	45.92	23.16	46.78	24.02	1.94	24.07	7.16	20.06	22.75
2012	47.25	23.01	48.43	24.19	1.97	23.12	7.03	19.45	24.24
2013	48.14	22.87	49.30	24.03	2.03	22.34	6.94	19.39	25.27
2014	48.60	22.62	50.13	24.15	2.04	22.13	6.61	19.08	25.98
2015	48.97	22.38	50.88	24.29	2.02	22.09	6.31	18.70	26.59
2016	49.79	22.37	51.79	24.37	2.01	22.13	5.95	18.11	27.42

续表

时间	共建"一带一路"国家	共建"一带一路"国家（不含中国）	亚太地区	亚太地区（不含中国）	非洲	欧洲	拉丁美洲与加勒比地区	北美地区	中国
2017	50.27	22.33	52.50	24.56	1.99	21.94	5.75	17.82	27.94
2018	50.73	22.18	53.00	24.45	1.99	21.60	5.54	17.88	28.55
2019	51.20	21.84	54.08	24.72	1.98	20.98	5.29	17.67	29.36
2020	53.44	22.16	55.95	24.67	2.09	19.93	5.03	16.99	31.28

注：作者根据联合国工业发展组织（UNIDO）数据计算。由于数据可得性问题，本表共建"一带一路"国家数据不包括密克罗西尼亚和组埃；2007年以前数据不包括苏丹和南苏丹。

业增加值规模占世界比重呈下降趋势，从 20 世纪 90 年代初的约 25%，下降到 2020 年的 22.16%。除中国以外，2020 年只有韩国（3.26%）、意大利（1.93%）、印度尼西亚（1.61%）、俄罗斯（1.34%）、土耳其（1.26%）的制造业增加值规模占世界比重超过 1%，其余国家均较低。可见，"一带一路"相关国家工业化发展面临巨大压力。

（二）共建"一带一路"国家制造业增加值占 GDP 比重

1. 世界对比

图 3.5 描绘了共建"一带一路"国家以及不同收入组国家的制造业增加值占 GDP 比重的变化趋势。在与世界平均水平的对比中可以看到，共建"一带一路"国家制造业增加值占 GDP 比重

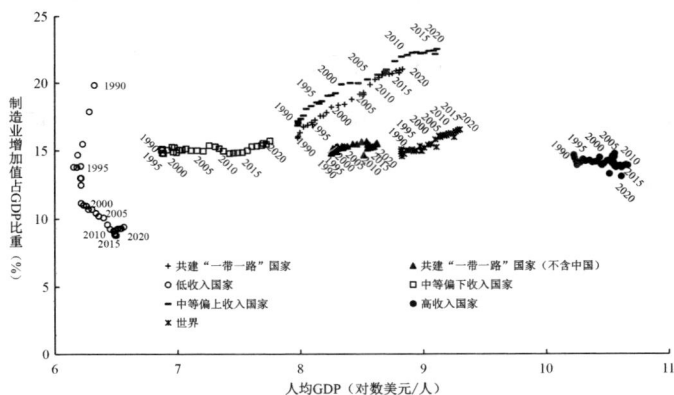

图 3.5　共建"一带一路"国家制造业增加值
占比变化及其世界对比（1990—2020 年）

注：作者根据联合国工业发展组织（UNIDO）数据制图，其中美元为 2015 年不变价美元。

显著占优,无论是从比值大小还是增长速度都是如此。共建
"一带一路"国家制造业增加值占 GDP 比重从 1990 年的 16% 增
长到 2020 年的 21%,而对比之下,世界制造业增加值占 GDP
比重从 1990 年的 15% 上升到 2020 年的 16%。但如若不计入中
国对共建"一带一路"国家的影响,这一优势则不复存在。除中
国之外的共建"一带一路"国家制造业增加值占 GDP 比重基本维
持在略高于 15% 的水平,且没有明显的进一步增长的趋势。

表面上看,共建"一带一路"国家整体表现略逊于中等偏上
收入国家,但这样的对比也忽略了中国因素的影响。若不计入
中国的影响,中等偏上收入国家的制造业增加值占 GDP 比重则
呈快速下降趋势,从 1990 年的 16% 下降到 2020 年的 14% 以
下,表现出显著的过早去工业化趋势。从这个角度看,不包括
中国的共建"一带一路"国家表现则优于不包括中国的中等偏上
收入国家。中等偏下收入国家制造业增加值占 GDP 比重则呈现
出波动缓慢上升的趋势。

低收入国家制造业增加值占 GDP 比重表现出急剧下降的态
势,这种态势直到进入 21 世纪才有所缓解,但并没有根本性改
变下降的势头,很大程度说明了低收入国家的严重过早去工业
化趋势。以不变价计算的制造业增加值占 GDP 比重来看,高收
入国家的该比值稳定在 13% 以上。也即从去掉价格影响的制造
业增加值角度看,高收入国家"去工业化"进程是温和的,我们

需要配合制造业就业占总就业的比重来考察发达国家的去工业
化进程。结合图2.2，我们可以得出的一个基本结论是，发达国
家的去工业化进程也是制造业劳动生产效率不断提高的过程。

2. 内部对比

图3.6绘制了各个共建"一带一路"国家制造业增加值占
GDP比重分布情况。可以看到，大多数国家制造业增加值占
GDP比重小于世界平均水平。这类国家可大致分为两类：一类
是人均GDP较高，但制造业增加值占比较低的国家。其中包括
一些成熟经济体，如意大利、新西兰、卢森堡等，也有资源禀赋
优势显著的国家，如哈萨克斯坦、阿联酋、卡塔尔等，而具有资
源禀赋优势的国家存在因"荷兰病"而陷入"资源诅咒"的风险。另
一类是人均GDP和制造业增加值占比均较低的非洲和亚洲地区的
发展中国家。大多数共建"一带一路"国家可以归为此类。

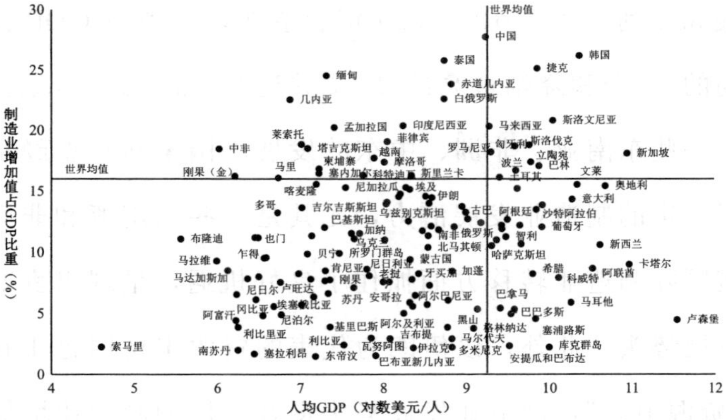

图3.6　共建"一带一路"国家制造业增加值占GDP比重(2019年)

注：作者根据联合国工业发展组织(UNIDO)数据制图，其中美元为2015年
不变价美元。

　　制造业增加值占比高于世界平均水平的国家也可以大致分为两类：一类是人均 GDP 和制造业增加值占比均较高的国家。主要包括欧洲传统制造强国，如捷克、斯洛伐克、匈牙利、立陶宛、波兰，也包括亚洲发达国家韩国和新加坡。另一类是人均 GDP 偏低但制造业增加值占比相对较高的国家，这些国家多为新兴经济体，其中以东南亚国家为主，如泰国、印度尼西亚、孟加拉国、越南等。当然这类国家是否具有较大的工业化发展潜力，要结合制造业就业占比进一步分析。

　　从 2010—2020 年的动态变化上看，共建"一带一路"国家中有约 40 个国家制造业增加值占 GDP 比重十年增幅超过 1 个百分点，但也有超过 50 个国家制造业增加值占比十年降幅超过 1 个百分点。实现制造业增加值占比十年净增的国家数量小于十年净减的国家数量，更多发展中国家表现出了过早去工业化的趋势。

　　表 3.2 列出了 2010—2020 年制造业增加值占 GDP 比重增幅最高的 20 个和降幅最高的 20 个共建"一带一路"国家。可以看到，一些东南亚、非洲、中东欧发展中国家和转型经济体表现出了一定的制造业发展潜力，尤其是一些东南亚和非洲国家在承接国际制造业转移方面抓住了良好机遇，呈现出良好的工业化发展势头。此外，以伊朗为代表的资源丰裕国也正在试图打破"资源诅咒"，制造业发展势头良好。伊朗制造业增加值占

表 3.2　制造业增加值占 GDP 比重增幅和降幅最高的 20 个共建"一带一路"国家（2010—2020 年）

国家	2020 年制造业增加值占 GDP 比重/%	10 年增幅/百分点	国家	2020 年制造业增加值占 GDP 比重/%	10 年增幅/百分点
科特迪瓦	16.32	11.36	乌拉圭	12.20	−2.23
几内亚	22.53	11.08	罗马尼亚	18.22	−2.30
越南	17.73	6.21	斯里兰卡	16.32	−2.34
孟加拉国	20.23	5.97	多米尼克	2.23	−2.35
赤道几内亚	23.82	5.49	哥斯达黎加	11.01	−2.38
缅甸	24.53	5.23	马来西亚	20.33	−2.44
多哥	13.22	4.26	阿富汗	4.43	−2.56
亚美尼亚	12.54	3.51	古巴	12.73	−2.69
捷克	25.15	2.98	伊拉克	2.18	−2.70
斯洛伐克	18.80	2.81	阿根廷	12.21	−2.84
柬埔寨	16.85	2.58	新加坡	18.11	−2.94
也门	11.18	2.34	津巴布韦	11.34	−3.50
伊朗	14.58	2.33	乌克兰	11.53	−3.55

续表

国家	2020年制造业增加值占GDP比重/%	10年增幅/百分点	国家	2020年制造业增加值占GDP比重/%	10年增幅/百分点
尼加拉瓜	15.30	2.27	秘鲁	11.83	-3.58
埃塞俄比亚	5.57	2.14	委内瑞拉	14.09	-3.75
尼日利亚	8.61	2.06	吉尔吉斯斯坦	13.64	-3.97
保加利亚	13.26	1.86	泰国	25.80	-4.17
加蓬	8.44	1.85	萨摩亚	5.90	-4.46
北马其顿	10.39	1.82	马耳他	5.89	-5.47
马里	16.09	1.81	贝宁	9.86	-5.69

数据来源：作者根据联合国工业发展组织（UNIDO）数据计算。

GDP 比重从 20 世纪 90 年代的 7％左右上升到 2020 年的 14.58％。类似的国家还包括沙特阿拉伯，该国制造业增加值占 GDP 比重从 20 世纪 90 年代的 8％左右上升到 2020 年的 13.50％；而一些拉丁美洲国家和亚洲国家在制造业发展方面存在不小的压力。拉丁美洲国家可能仍没有摆脱新自由主义经济政策带来的经济后果。此外尤其值得警惕的是一些发展中国家制造业在经历一定时期的强势发展后正在出现萎缩的势头。例如泰国和马来西亚，两国制造业增加值占 GDP 比重分别于 2006 年和 2010 年达到 25.45％和 29.97％的高位，此后则进入缓慢下降的通道。而两国在制造业增加值占比最高时人均 GDP 仅分别为 5492.12 美元（现价美元）和 6209.13 美元（现价美元）。这样的趋势将对这类发展中国家经济持续发展造成重大隐患。

（三）共建"一带一路"国家制造业就业

整体上看，制造业增加值占 GDP 比重与制造业就业占总就业比重呈正相关关系，也即较高的制造业增加值占比意味着较高的制造业就业占比。但多数共建"一带一路"国家集中在低制造业增加值占比和低制造业就业占比的状态，制造业就业占比低于 13.11％的世界平均水平，说明其制造业在吸纳农业劳动力转移方面的能力是有限的（见图 3.7）。

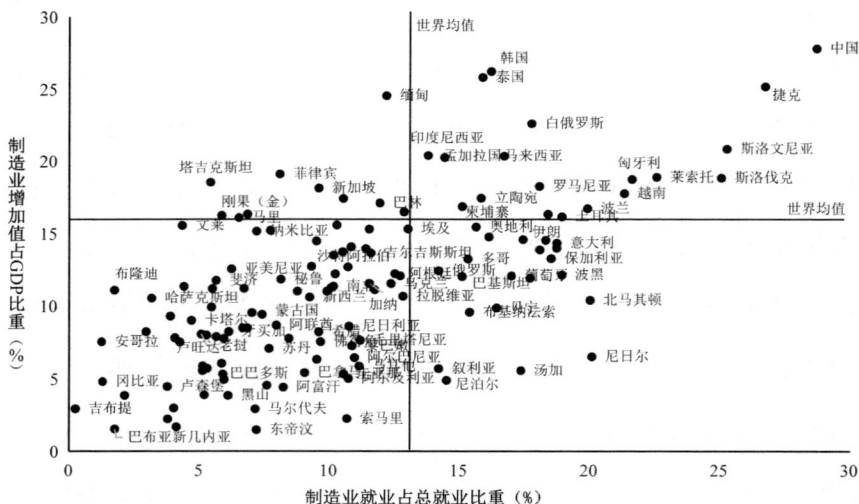

图 3.7　共建"一带一路"国家制造业就业占总就业比重（2020 年）

注：作者根据国际劳动组织（ILO）和联合国工业发展组织（UNIDO）提供数据绘制，其中制造业就业占比数据为 2020 年数据或可获取的最新数据。

受限于数据可得性①，表 3.3 列出了 61 个有代表性的共建"一带一路"国家制造业就业占总就业比重及其变化趋势。我们把相关国家的变动趋势划分为"上升趋势""倒 U 趋势"和"下降趋势"。可以看到，2010—2020 年越南制造业就业占比快速上升。在本章第一部分我们了解到，越南是共建"一带一路"国家中农业劳动—土地比下降幅度最大的国家之一。结合制造业就业数据可以推出，越南农业劳动力转移大量被吸收在制造业领

────────────

①　一直以来，系统统计世界各国制造业就业占总就业比重的数据来源较为缺乏，尤其是发展中国家数据缺失严重。自联合国提出 SDGs 目标以来，国际劳工组织开始对世界各国制造业就业数据进行整理和估算，以满足 SDGs 对包容性工业化（目标 9）的强调。尽管如此，目前数据仍存在较大缺失。

表 3.3　部分共建"一带一路"国家制造业就业占总就业比重及其变动趋势（2010—2020 年）

单位：%

国家	2010 年	2012 年	2014 年	2016 年	2018 年	2019 年	2020 年	趋势
越南	14.26	13.81	14.44	16.66	17.91	21.83	21.31	＋
吉尔吉斯斯坦	NA	7.59	6.95	7.64	11.82	11.84	11.58	＋
斯洛伐克	22.87	24.49	23.29	24.49	24.52	24.61	25.04	＋
波黑	16.83	15.50	16.05	17.29	17.69	18.64	18.92	＋
伊朗	15.57	15.42	17.02	17.16	17.51	17.56	17.43	＋
塞尔维亚	16.95	17.04	15.88	16.50	18.29	18.68	18.72	＋
沙特阿拉伯	NA	NA	NA	NA	8.77	8.97	10.15	＋
卢旺达	NA	2.66	2.11	NA	4.19	4.38	4.25	＋
缅甸	NA	NA	NA	NA	10.97	10.35	12.18	＋
印度尼西亚	12.47	13.58	13.47	13.53	14.39	14.38	13.78	＋
摩尔多瓦	10.56	10.58	9.70	9.49	9.01	12.10	11.73	＋
蒙古国	6.27	6.14	7.70	7.50	8.05	7.51	7.41	＋
克罗地亚	16.62	17.49	17.15	17.03	17.28	17.81	17.70	＋
斯洛文尼亚	24.22	22.35	22.52	25.12	24.85	25.60	25.25	＋
埃及	12.09	11.10	11.14	11.45	12.50	12.96	13.01	＋

续表

国家	2010年	2012年	2014年	2016年	2018年	2019年	2020年	趋势
巴拿马	8.28	6.87	7.37	7.33	7.60	7.54	9.04	+
格鲁吉亚	5.27	5.19	5.24	5.36	6.21	5.80	5.94	+
萨尔瓦多	15.45	15.41	14.93	15.16	15.02	14.85	16.11	+
阿塞拜疆	4.83	4.85	4.93	5.09	5.22	5.32	5.30	+
立陶宛	15.37	15.70	15.06	15.44	15.98	15.88	15.81	+
土耳其	18.65	17.81	19.03	18.07	18.20	18.35	18.92	+
意大利	18.62	18.31	18.56	18.23	18.39	18.50	18.73	+
北马其顿	19.95	19.51	19.26	19.02	19.87	19.79	20.00	+
泰国	14.06	13.35	16.79	16.68	16.53	16.28	15.86	倒U
亚美尼亚	5.73	7.98	8.34	8.27	6.66	6.89	6.23	倒U
玻利维亚	NA	7.04	9.41	9.94	10.01	9.67	8.76	倒U
捷克	25.30	26.57	26.73	27.80	27.55	27.44	26.72	倒U
波兰	18.59	18.64	19.14	20.24	21.01	20.61	19.90	倒U
匈牙利	20.80	20.65	21.60	21.68	22.50	22.12	21.60	倒U
葡萄牙	16.37	16.29	16.42	16.87	17.14	17.03	16.98	倒U
罗马尼亚	17.59	17.81	18.52	18.91	19.29	18.91	18.06	倒U

续表

国家	2010 年	2012 年	2014 年	2016 年	2018 年	2019 年	2020 年	趋势
奥地利	15.24	15.79	15.65	15.95	16.19	15.93	15.62	倒 U
韩国	16.81	16.61	17.08	17.29	16.75	16.26	16.19	倒 U
马来西亚	16.82	16.44	NA	16.88	16.92	17.79	16.70	—
乌兹别克斯坦	11.52	11.40	11.30	11.34	12.04	11.91	11.38	—
菲律宾	NA	8.28	8.35	8.30	8.81	8.53	8.09	—
多明尼加	10.79	10.59	10.03	10.19	9.87	10.07	10.50	—
拉脱维亚	13.18	13.99	13.43	13.83	12.86	12.65	12.82	—
中国	NA	NA	NA	29.24	28.18	28.14	28.70	—
牙买加	6.78	6.90	6.46	6.59	6.55	6.34	6.13	—
爱沙尼亚	18.78	18.78	18.25	18.72	18.63	18.05	18.07	—
塞浦路斯	8.32	7.48	8.17	7.17	6.88	7.27	7.60	—
俄罗斯	15.22	14.98	14.51	14.35	14.09	14.26	14.19	—
阿根廷	13.60	13.13	13.14	NA	11.73	11.90	12.51	—
希腊	10.67	9.51	8.95	9.46	9.35	9.64	9.58	—
智利	11.25	11.54	11.30	10.85	10.34	9.85	10.06	—
厄瓜多尔	11.15	10.43	10.81	10.77	10.93	10.26	9.49	—

续表

国家	2010年	2012年	2014年	2016年	2018年	2019年	2020年	趋势
卢森堡	5.63	5.32	5.38	4.24	4.21	3.75	3.77	—
黑山	NA	7.39	6.61	5.62	6.08	5.97	6.10	—
保加利亚	20.53	20.57	19.61	19.52	19.04	18.78	18.51	—
哥斯达黎加	12.02	9.94	9.30	10.22	10.43	9.87	9.90	—
秘鲁	10.33	10.24	9.31	9.30	8.86	8.70	8.13	—
新西兰	11.57	11.39	10.90	9.91	9.58	9.13	9.23	—
白俄罗斯	NA	NA	NA	18.07	17.6	17.43	17.76	—
乌拉圭	13.04	11.88	11.55	11.26	10.41	10.26	10.21	—
南非	13.34	12.61	11.63	10.74	10.78	10.77	10.14	—
卡塔尔	NA	7.67	NA	7.03	7.27	7.38	4.70	—
塞舌尔	NA	NA	6.83	7.01	5.37	5.75	5.90	—
哈萨克斯坦	6.97	6.39	NA	NA	NA	NA	3.17	—
马耳他	15.13	13.39	12.78	11.96	11.33	11.06	11.13	—
新加坡	NA	14.12	11.85	10.49	10.34	9.61	9.58	—

注：数据来自国际劳动组织(ILO)。其中，NA代表数据缺失，"趋势"栏中的"+"表示上升趋势，"倒U"表示先上升后下降，"—"表示下降趋势。

域,并反过来促进了该国制造业的持续发展,展现出较为突出的工业化发展趋势。资源丰裕型的伊朗和沙特阿拉伯两国制造业就业占比也呈逐年上升趋势,与制造业增加值占比逐年上升的趋势相互支撑,表现出良好的工业化发展通道。

欧洲一些转型经济体制造业就业占比呈现出倒 U 形趋势;泰国的逐渐减弱的制造业发展趋势也进一步得到了制造业就业占比的验证。而这些国家的去工业化趋势就将会对其经济的持续增长带来挑战。此外,哈萨克斯坦作为资源丰裕型国家,制造业就业占比呈下降趋势,考虑到该国在制造业增加值占比的表现可以得出,该国所面临的"资源诅咒"风险是真实的。从表中还可以看出,共建"一带一路"国家中大量发展中国家过早去工业化趋势是显著的,预计这种去工业化趋势将会在疫情后的一段时期内持续,而这将对发展中国家经济增长带来巨大困难。

(四)共建"一带一路"国家制造业出口贸易

根据世界银行提供的数据粗略计算,共建"一带一路"国家2019 年商品和服务贸易约为 35 万亿美元(现价美元),占世界贸易总额的 40% 以上,是世界贸易的重要力量。贸易总额也占到共建"一带一路"国家 GDP 总规模的 60% 左右,是经济发展的主要动力。商品出口一定程度上代表了一国或地区在某商品上面的比较优势和生产能力,本小节主要讨论共建"一带一路"国家在制造业出口贸易及出口商品结构方面的表现。

　　图 3.8 绘制了 20 世纪 70 年代以来共建"一带一路"国家商品贸易结构及其动态变化。可以看到，共建"一带一路"国家商品贸易自 20 世纪 90 年代中期后逐渐崛起，进入 21 世纪后加速发展，2008 年全球金融危机后快速复苏，在 2015 年前后经历了新一轮的下降调整，并在新一轮复苏后又遭受了新冠肺炎疫情的冲击。从结构上看，机械与车辆类和燃料类商品贸易得到较大发展，尤其是机械与车辆类，是目前商品贸易中占比最大的

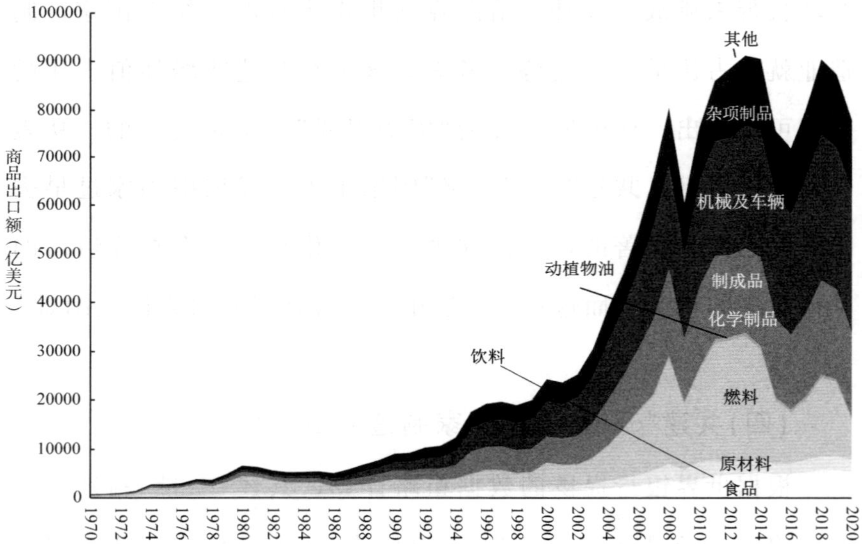

图 3.8　共建"一带一路"国家商品出口结构（1970—2020 年）

注：作者根据哈佛大学国际发展中心（CID）提供的数据制图。原始数据来源于联合国统计司（COMTRADE），商品分类依据联合国统计司《国际贸易标准分类（修订 2）》，按照 SITC 分类，出口商品包括十大类：0（食品及活动物）、1（饮料及烟类）、2（非食用原料）、3（矿物燃料、润滑油及有关原料）、4（动植物油、脂及蜡）、5（化学制品及有关产品）、6（按原料分类的制成品）、7（机械及运输设备）、8（杂项制品）和 9（未分类产品）。其中，0—4 类为初级产品，5—8 类为制造业产品，其中 6、8 类为劳动密集型制成品，5、7 类为资本或技术密集型制成品。

产品品类；包括化学制品、制成品、杂项制品在内的制造业商品贸易缓慢扩大；燃料类自然资源贸易经历了先上升后收窄的趋势。从数据上看，2020年占比在10%以上的类别有机械及车辆类（37.27%）、杂项制品类（14.77%）、制成品类（14.26%）、燃料类（10.21%）。包括机械与车辆类、制成品类、杂项制品类、化学制品类在内的制造业商品出口合计占到共建"一带一路"国家总商品出口的74.61%（若不含中国，这一比值为64.99%）；包括食品类、饮料类、原材料类、燃料类和动植物油类在内的初级产品贸易相加占到共建"一带一路"国家总商品出口的21.17%。可见，制造业商品出口是共建"一带一路"国家的主要出口门类。

从动态趋势上看，共建"一带一路"国家制造业商品出口占总商品出口额的比重经历了先快速上升后缓慢下降的趋势，由20世纪70年代的30%以下的水平快速上升到20世纪末的近70%，随后经历了较长时期的衰退，直到近些年才恢复到90年代末的水平。其中机械及车辆类商品出口的变动表现出类似的趋势，该类商品一直是商品出口中较大的门类；而制成品类商品出口表现更为疲软，该类商品出口占比由20世纪70年代的10%左右上升到20世纪末的近18%，并在此后出现持续下降趋势。20世纪70年代，包括食品类、饮料类、原材料类、燃料类和动植物油类在内的初级产品出口相加最高占到共建"一带一路"国家总商品贸易的 75%，到 2020 年这一数字大幅下降了近 54 个百分点，为 21.17%，其中以原材料类商品出口占比降幅最为突出，从 1970 年的近 18% 下降到 2020 年的 3.24%；燃料类商品出口变动波动较大，呈波动下降趋势，从 20 世纪 70 年代末的 55% 以上，下降到 2020 年的 10.21%。这说明共建"一带一路"国家商品出口结构存在由简单的、初级的、低附加值的产品向复杂的、高级的、高附加值的制造业商品转移的趋势，但这一趋势有转弱的势头。

图 3.9 绘制了 20 世纪 60 年代以来共建"一带一路"国家制造业及初级产品出口占世界份额的变化趋势。可以看到，共建"一带一路"国家制造业出口占世界份额呈逐年上升趋势，并分别在 20 世纪 80 年代中期和 20 世纪末进入加速发展的轨道，2010 年前后增长趋势有所放缓。总的来说，该比值从 20 世纪 60 年代的 10% 左右上升到 2020 年的 47.80%。但如果除去中国的影响，这一上升速度有明显下降，仅从 20 世纪 60 年代的 10% 左右上升到 2018 年的最高值 29.30%，并在 2020 年下降到 27.89%。这进一步说明了除中国以外，其他共建"一带一路"国家制造业发展是相对缓慢的。此外，共建"一带一路"国家初级产品出口占世界份额在 40%～60% 徘徊，2020 年这一数值为 47.78%，也即共建"一带一路"国家对初级产品出口依然有巨大依赖，即便是抛去中国的份额，这一判断仍不会有

很大改变。①

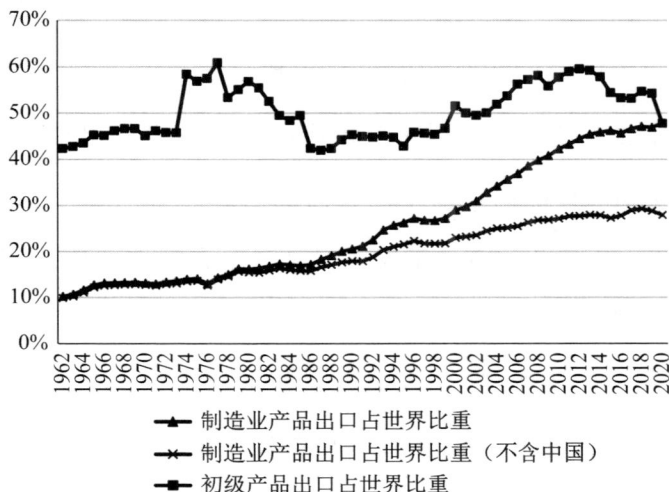

图 3.9　共建"一带一路"国家制造业及初级产品出口占世界份额(1962—2020 年)
注：作者根据哈佛大学国际发展中心(CID)提供的数据制图。

　　本章附 1 和附 2 统计了共建"一带一路"国家初级产品出口及制造业产品出口情况，一定程度上反映了这些国家对某一产品出口贸易依存情况和出口贸易结构情况。

　　从初级产品出口方面看，2020 年大多数国家商品出口仍然对初级产品具有很大依赖性，150 个国家中，有 90 多个国家初级产品出口占本国总商品出口的 40% 以上，且对于一些国家来讲这一比值存在上升趋势；40 多个国家的这一比值超过 80%，

---

　　①　中国的初级产品出口占世界份额相对较低，常年维持在 3% 以下，只有在 2020 年占到世界份额的 3.26%。

以非洲农业国家居多。乍得、几内亚比绍、厄立特里亚、基里巴斯、密克罗尼西亚、东帝汶、尼日利亚、所罗门群岛、安哥拉、贝宁等国家的初级产品出口占比更是超过了 95％的水平。而值得注意的是，这些国家初级产品出口占世界出口的份额是很低的，初级产品出口占本国总商品出口的 40％以上且占世界份额接近 1％或以上的国家仅有 9 个，以自然能源输出国为主，分别为俄罗斯（4.74％）、沙特阿拉伯（2.97％）、印度尼西亚（2.24％）、阿联酋（1.86％）、伊拉克（1.33％）、阿根廷（1.09％）、智利（1.08％）、科威特（0.94％）、尼日利亚（0.84％）。说明共建"一带一路"国家整体上处在国际贸易产业链的较低端，仅靠初级产品出口也很难满足实现工业化所需要的资本积累。

从制造业产品出口上看，2020 年共建"一带一路"150 个国家中有 68 个国家制造业产品出口占本国总商品出口的比重超过 40％，且部分国家的这一比值自进入 21 世纪以来有上升趋势。但同时这些国家制造业出口占世界的份额也很低，制造业产品出口占本国总商品出口的 40％以上且占世界份额接近 1％或以上的国家仅有 11 个，分别为中国（19.90％）、韩国（3.81％）、意大利（3.36％）、越南（2.21％）、马来西亚（1.72％）、波兰（1.70％）、新加坡（1.64％）、泰国（1.38％）、捷克（1.30％）、土耳其（1.11％）、奥地利（1.08％）。除中国以外，20 年来越南、波兰、捷克、土耳其、韩国制造业出口占世界份额增长超过 0.5 个百分点，其中以越南和波兰表现最为突出，分别增长了 2.07 和 1.16 个百分点。而制造业产品出口占世界份额下降的国家达到了 78 个。也说明了共建"一带一路"国家整体上制造业发展面临巨大国际竞争压力。

结合关于制造业增加值规模、制造业增加值占 GDP 比重、制造业就业占总就业比重以及制造业产品出口的分析，可以得出的一个基本结论是：除中国以外，共建"一带一路"国家制造业发展是整体相对迟缓的，大量发展中国家存在过早去工业化的趋势。制造业增加值规模呈下降趋势，制造业增加值占 GDP 比重并没有明显提升，多数国家的这一比重低于世界平均水平，也就导致了大多数国家制造业在吸纳农业劳动力转移方面的能力相对有限。虽然共建"一带一路"国家商品出口结构存在由初级产品向制造业商品转移的趋势，但这一趋势有转弱的势头。同时多数国家对初级产品出口具有很大依赖，而制造业出口贸易占世界份额偏低。这些证据都说明共建"一带一路"国家工业化发展压力较大，尤其是对于拉丁美洲国家和非洲国家来说。也要看到，个别共建国家也展现了突出的工业化发展趋势。例如，越南无论在制造业增加值占比、制造业就业占比，还是制造业出口方面都有亮眼表现。此外，资源丰裕型的伊朗和沙特阿拉伯两国也正在试图摆脱"资源诅咒"的困扰，走在工业化的道路上。

三、共建"一带一路"国家工业化与城镇化

城乡转型是结构转型的重要特征。工业化与城镇化往往相互影响,相辅相成。伴随着经济的不断发展和产业结构的不断调整,农业就业逐渐转移为非农业就业,城市人口逐渐增多,城镇化水平也不断提高。反过来,随着劳动力资源从边际生产率低的农村转移到边际生产率较高的城市,集聚效应不断显现的同时,人们的消费结构逐渐由以农业产品(如食物等)为主转向以工业制品及服务为主,进而促进经济结构的进一步升级。本部分主要讨论共建"一带一路"国家工业化与城镇化的互动关系。

(一)共建"一带一路"国家城镇化

根据世界银行统计数据,2020 年共建"一带一路"国家总人口占世界总人口的近 2/3(64.30%),超过一半的人口居住在城市,城镇化率为 54.71%,略低于 56.16%的世界平均水平,城镇总人口占世界城镇总人口的 62.65%,也就是说,世界城镇人口的近 2/3 来自共建"一带一路"国家。从与其他国家对比来看,共建"一带一路"国家城镇化率超过了低收入国家和中等偏下收入国家,低于中等偏上收入国家和世界平均水平。由于中等偏上收入国家城镇化率增长速度(1960—2020 年年均增长 0.66 个百分

点)快于共建"一带一路"国家(同期年均增长 0.48 个百分点),尤其是 20 世纪 80 年代以后的加速发展,两者差距有逐渐拉大趋势;又由于共建"一带一路"国家城镇率增长速度超过世界城镇化率增长速度(同期年均增长 0.38 个百分点),两者差距不断缩小,甚至有超过世界平均水平的势头(见图 3.10)。这种相对较快的城镇化发展速度可以为共建"一带一路"国家工业化发展提供良好条件。

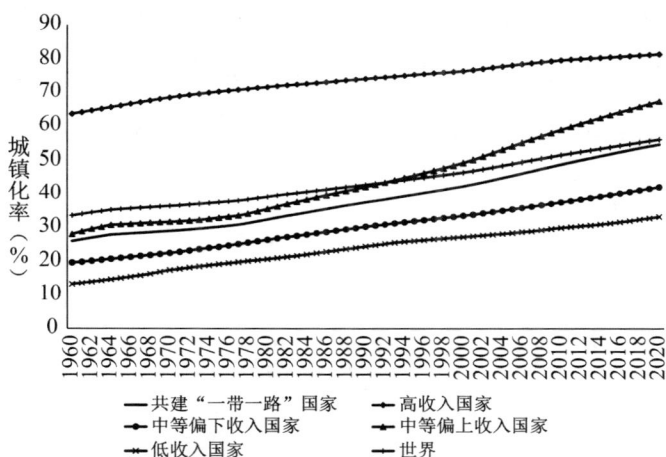

图 3.10　共建"一带一路"国家城镇化率及其世界对比(1960—2020 年)

注:作者根据世界银行数据制图。由于世界银行尚未统计库克群岛和纽埃两国数据,因此图中共建"一带一路"国家并不包括库克群岛和纽埃。根据亚洲开发银行数据,2020 年库克群岛总人口为 1.79 万人(城镇化率 75.5%),纽埃总人口规模为 0.19 万人(城镇化率 46.2%)。鉴于两国极小的人口规模,不会对基本结论产生大的影响。

共建"一带一路"国家间城镇化发展水平差异显著(见图 3.11)。新加坡和科威特的城镇化率最高,达到 100%。部分国家城镇化率较低,在 20% 以下,包括斯里兰卡(18.71%)、萨摩亚（17.89％）、卢旺达（17.43％）、马拉维（17.42％）、尼日尔（16.62％）、布隆迪（13.71％）、巴布亚新几内亚（13.35％）。多数国家城镇化率超过世界平均水平。城镇化率超过 70％ 的国家有 43 个，超过 50％ 的国家有 92 个。此外，大部分国家城镇化发展与经济发展相互匹配，也即经济发展水平越高，城镇化发展水平也越高，反之亦然。但也有些国家表现出城镇化发展与经济发展的不匹配关系。有 45 个国家城镇化率高于世界平均水平，但其人均 GDP 却小于世界平均水平。而这样的超前城镇化发展也会给这些国家的工业化带来一定的负担。

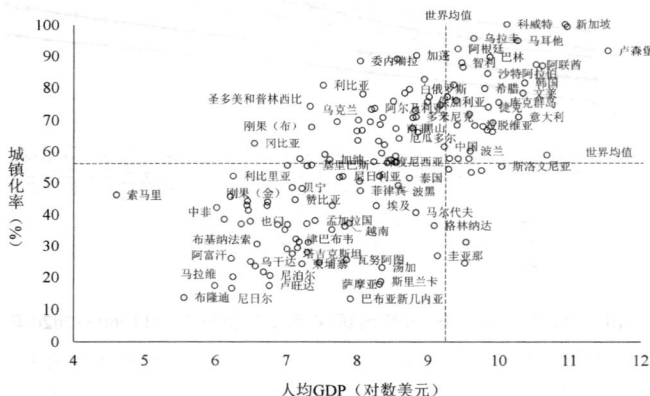

图 3.11　共建"一带一路"国家城镇化率（2020 年）
注：作者根据世界银行数据制图。

（二）共建"一带一路"国家工业化与城镇化的关系

传统理论认为，经济可持续发展需要不断强化经济结构转型和城乡结构转型的关系，使工业化与城镇化之间形成良性互动。

而共建"一带一路"国家表现出一些不同的特征。从图 3.12 中可以看出,首先,共建"一带一路"国家城镇化率与非农产业增加值占比并没有很强的相关关系。大多数国家工业增加值[①]占比分布

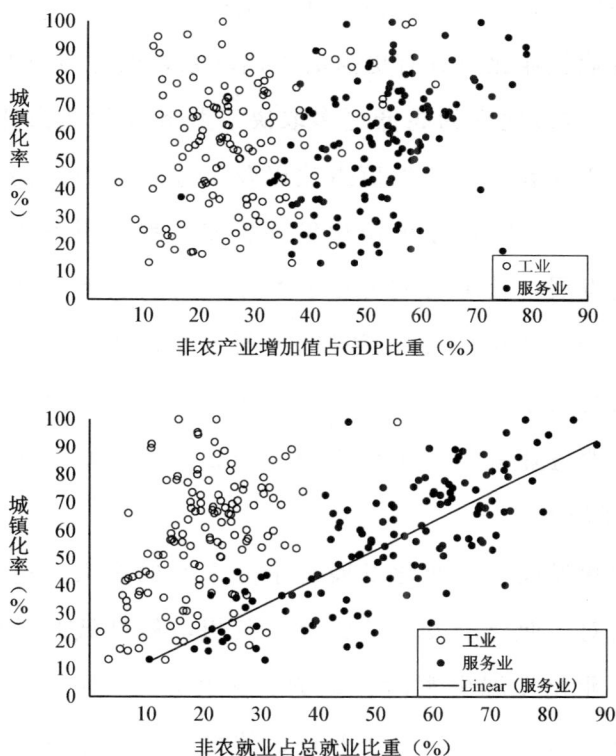

图 3.12　共建"一带一路"国家城镇化率与非农产业发展(2019 年)

注：作者根据世界银行数据制图。基于数据可得性,图中不包括库克群岛、纽埃、密克罗尼西亚、安提瓜和巴布达、格林纳达、基里巴斯、塞舌尔、多米尼克、巴巴多斯、委内瑞拉、利比亚、所罗门群岛、厄立特里亚、索马里的数据。

———————

①　从工业化的角度看,制造业相关指标是更好的选择,但由于制造业就业的数据难以获得,我们这里使用工业增加值和工业就业数据。根据世界银行统计,工业包括采矿业、制造业、建筑业、电力、水和天然气行业。

在 10%~35%，服务业增加值占比分布在 45%~65%，相比于城镇化率的分布而言更加集中。其次，共建"一带一路"国家城镇化率与工业就业占比没有很强的相关关系（相对于分散分布的城镇化率而言，工业就业占比相对集中，分布在 10%~30%），而与服务业就业比重具有更强的正向联系，因此可见共建"一带一路"国家城镇化率的高低更多取决于服务业就业占比的高低，而不取决于非农产业增加值占比以及工业就业占比的高低，说明共建"一带一路"国家城镇化发展更多依赖于服务业的发展而非工业的发展，其中的关键在于服务业的发展能不能提供更多的就业机会。共建"一带一路"国家服务业就业占比对城镇化率的拟合线可表示为 $y=1.02x+2$，其中拟合优度为 0.58。统计意义上，服务业就业占比每增加 1 个百分点，城镇化率则上升1.02 个百分点。

城镇化发展对工业化发展有十分重要的意义，过高的城镇化率将会对工业化的发展造成沉重负担，但过低的城镇化率又会导致工业化发展失去潜在动力。在共建"一带一路"国家中，大量发展中国家的过早去工业化，使得其工业化发展与城镇化之间缺乏联动。如第二章所述，在发展中国家的去工业化过程中，取代工业化的服务业化更倾向于是低附加值的消费服务。对于一些发展中国家而言，农业劳动力向城市部门的转移并没有表现在正规工业部门就业的增加，而是被非正规部门（Informal Sectors）的、低生产效率的服务业吸收。这种现象将反过来影响到经济的持续发展。

附 1 共建"一带一路"国家初级产品出口情况统计(2000, 2010, 2019, 2020 年)

单位:%

国家	占本国总商品出口比重				国家	占世界初级产品出口份额			
	2000 年	2010 年	2019 年	2020 年		2000 年	2010 年	2019 年	2020 年
乍得	93.15	91.05	76.32	99.78	俄罗斯	4.80	7.25	6.03	4.74
几内亚比绍	99.13	74.82	59.30	99.28	中国	2.12	1.94	2.93	3.26
厄立特里亚	6.42	36.27	62.80	99.01	沙特阿拉伯	7.13	5.90	3.43	2.97
基里巴斯	86.72	50.99	72.66	98.63	印度尼西亚	1.94	2.18	1.82	2.24
密克罗尼西亚	77.02	64.96	98.82	98.62	意大利	1.72	1.47	1.58	1.92
东帝汶	97.87	38.15	50.94	98.29	阿联酋	1.72	1.81	6.70	1.86
尼日利亚	91.37	91.56	84.22	98.05	马来西亚	1.31	1.53	1.51	1.83
所罗门群岛	60.47	77.65	79.58	98.03	泰国	1.11	1.06	1.15	1.38
安哥拉	88.22	96.51	92.69	97.93	伊拉克	1.05	2.25	1.66	1.33
贝宁	51.16	57.97	51.68	97.12	波兰	0.37	0.64	0.97	1.29
阿富汗	84.04	13.42	57.31	96.26	新加坡	1.17	1.38	1.32	1.24
塞舌尔	41.19	36.22	28.76	95.36	韩国	1.05	1.01	1.26	1.15
马拉维	81.92	81.40	73.36	94.87	阿根廷	1.26	0.98	0.89	1.09

国家	占本国总商品出口比重				国家	占世界初级产品出口份额			
	2000 年	2010 年	2019 年	2020 年		2000 年	2010 年	2019 年	2020 年
也门	98.98	79.27	87.07	93.77	智利	0.73	0.81	0.97	1.08
阿塞拜疆	75.99	86.88	77.35	93.69	南非	0.68	0.74	0.78	0.96
喀麦隆	65.58	68.52	56.94	93.56	科威特	2.47	2.57	2.32	0.94
赤道几内亚	99.11	92.73	93.42	93.50	卡塔尔	0.69	1.52	1.34	0.91
苏丹	91.18	85.67	48.23	93.36	越南	0.54	0.55	0.69	0.88
多哥	59.43	45.31	76.48	93.20	土耳其	0.36	0.47	0.73	0.86
阿尔及利亚	96.46	91.40	85.83	91.92	尼日利亚	1.74	1.67	1.06	0.84
瓦努阿图	14.31	36.88	24.27	91.81	新西兰	0.61	0.50	0.65	0.83
马尔代夫	7.30	6.12	6.06	91.58	乌克兰	0.31	0.47	0.63	0.83
科威特	91.51	88.13	86.68	90.54	秘鲁	0.24	0.46	0.66	0.69
牙买加	25.60	22.40	21.17	90.49	奥地利	0.44	0.47	0.50	0.62
厄瓜多尔	77.45	82.51	79.81	90.39	哈萨克斯坦	0.48	0.85	0.77	0.58
南苏丹	—	—	97.20	89.54	阿曼	0.69	0.70	0.52	0.58
科特迪瓦	85.30	77.06	77.35	88.62	安哥拉	0.46	1.09	0.63	0.51

续表

国家	占本国总商品出口比重				国家	占世界初级产品出口份额			
	2000年	2010年	2019年	2020年		2000年	2010年	2019年	2020年
加蓬	91.93	86.62	91.09	87.79	阿尔及利亚	1.37	1.26	0.69	0.50
汤加	75.58	19.89	8.95	87.13	希腊	0.33	0.31	0.42	0.44
刚果（布）	87.26	79.18	72.06	86.76	捷克	0.22	0.34	0.35	0.44
蒙古国	50.96	77.18	76.56	85.40	匈牙利	0.23	0.26	0.32	0.40
伊拉克	99.90	96.26	88.06	84.96	厄瓜多尔	0.39	0.39	0.46	0.38
塞拉利昂	7.56	40.20	65.66	84.15	葡萄牙	0.25	0.27	0.31	0.37
乌拉圭	32.76	55.13	51.76	83.71	埃及	0.27	0.35	0.35	0.33
文莱	87.91	91.39	83.49	83.40	罗马尼亚	0.14	0.20	0.27	0.32
佛得角	10.49	17.55	8.99	81.64	阿塞拜疆	0.10	0.50	0.35	0.30
叙利亚	62.34	43.72	80.02	81.38	立陶宛	0.12	0.20	0.24	0.30
格林纳达	10.76	12.81	79.74	80.61	菲律宾	0.24	0.21	0.26	0.27
利比亚	94.33	95.75	95.32	80.12	缅甸	0.07	0.13	0.20	0.23
阿曼	86.76	73.45	63.01	78.84	科特迪瓦	0.25	0.21	0.22	0.22
沙特阿拉伯	87.67	84.61	68.63	78.74	保加利亚	0.10	0.16	0.23	0.20

续表

国家	占本国总商品出口比重				国家	占世界初级产品出口份额			
	2000年	2010年	2019年	2020年		2000年	2010年	2019年	2020年
索马里	88.77	91.83	54.51	78.32	乌拉圭	0.09	0.14	0.17	0.20
委内瑞拉	83.89	95.05	93.23	77.90	斯洛伐克	0.12	0.18	0.16	0.20
新西兰	43.47	49.48	51.78	76.04	摩洛哥	0.21	0.15	0.19	0.20
斐济	22.70	34.89	26.47	75.77	利比亚	0.96	1.07	0.56	0.18
中非	27.35	64.72	68.35	74.21	刚果(布)	0.15	0.21	0.14	0.17
库克群岛	11.68	78.77	61.53	73.87	巴布亚新几内亚	0.25	0.09	0.17	0.17
毛里塔尼亚	85.18	86.37	76.33	73.48	拉脱维亚	0.12	0.09	0.12	0.17
巴布亚新几内亚	86.42	60.59	75.80	72.69	加纳	0.07	0.08	0.18	0.16
秘鲁	41.42	52.78	57.97	71.70	伊朗	2.22	1.99	0.45	0.16
亚美尼亚	20.56	16.16	33.96	71.40	塞尔维亚	0.00	0.07	0.11	0.15
卢旺达	88.50	30.72	24.47	69.74	文莱	0.21	0.19	0.13	0.15
哈萨克斯坦	55.63	67.86	62.71	69.67	巴基斯坦	0.08	0.13	0.13	0.15
肯尼亚	49.63	36.33	33.36	69.05	蒙古国	0.02	0.06	0.14	0.15
布隆迪	85.98	42.24	39.94	68.88	克罗地亚	0.08	0.08	0.11	0.14

续表

国家	占本国总商品出口比重				国家	占世界初级产品出口份额			
	2000年	2010年	2019年	2020年		2000年	2010年	2019年	2020年
玻利维亚	49.69	74.68	59.49	68.80	委内瑞拉	2.04	2.50	0.29	0.13
莫桑比克	70.55	42.32	61.16	68.13	哥斯达黎加	0.17	0.11	0.12	0.13
阿根廷	54.25	51.22	50.05	67.61	白俄罗斯	0.12	0.15	0.24	0.13
古巴	87.85	55.23	67.29	67.26	玻利维亚	0.05	0.12	0.13	0.13
智利	44.22	42.21	56.58	65.48	爱沙尼亚	0.13	0.08	0.09	0.12
几内亚	63.14	91.43	55.66	65.06	肯尼亚	0.10	0.08	0.09	0.12
俄罗斯	50.24	64.65	56.66	64.31	老挝	0.01	0.03	0.08	0.11
津巴布韦	63.01	55.05	62.02	63.80	斯洛文尼亚	0.04	0.07	0.10	0.11
卡塔尔	89.74	91.23	67.11	63.23	斯里兰卡	0.08	0.06	0.07	0.09
加纳	41.30	54.64	32.49	63.11	加蓬	0.22	0.13	0.09	0.09
老挝	28.43	46.71	49.01	61.84	喀麦隆	0.15	0.09	0.09	0.09
利比里亚	28.33	47.72	43.91	59.45	特立尼达和多巴哥	0.23	0.21	0.12	0.08
埃塞俄比亚	40.33	39.69	68.97	59.44	津巴布韦	0.08	0.02	0.05	0.07

国家	占本国总商品出口比重				国家	占世界初级产品出口份额			
	2000年	2010年	2019年	2020年		2000年	2010年	2019年	2020年
乌克兰	21.32	26.82	41.11	57.22	莫桑比克	0.02	0.03	0.08	0.07
阿联酋	59.36	55.58	71.45	55.60	乌兹别克斯坦	0.10	0.07	0.08	0.07
塞内加尔	46.53	38.97	59.17	55.51	几内亚	0.04	0.04	0.07	0.07
圭亚那	46.20	40.03	35.85	54.90	柬埔寨	0.01	0.01	0.04	0.07
特立尼达和多巴哥	64.12	59.55	51.58	54.71	赤道几内亚	0.06	0.18	0.09	0.07
黑山	—	11.16	9.47	53.23	塞内加尔	0.04	0.03	0.06	0.06
科摩罗	76.11	15.31	18.31	52.86	尼加拉瓜	0.04	0.04	0.05	0.06
格鲁吉亚	44.91	34.31	18.20	51.89	亚美尼亚	0.01	0.01	0.04	0.06
马达加斯加	33.80	24.33	29.29	51.10	突尼斯	0.09	0.09	0.06	0.06
巴拿马	20.93	12.47	13.91	49.98	巴林	0.09	0.37	0.13	0.06
尼泊尔	10.47	10.68	14.03	48.67	坦桑尼亚	0.04	0.04	0.04	0.06
巴巴多斯	10.68	10.79	44.88	47.84	多米尼加	0.05	0.05	0.05	0.06
印度尼西亚	37.25	52.04	40.49	47.42	巴拿马	0.07	0.04	0.06	0.05

续表

国家	占本国总商品出口比重				国家	占世界初级产品出口份额			
	2000年	2010年	2019年	2020年		2000年	2010年	2019年	2020年
坦桑尼亚	35.86	35.64	21.77	47.27	毛里塔尼亚	0.03	0.04	0.05	0.05
尼日尔	66.01	25.71	34.68	47.18	苏丹	0.13	0.23	0.05	0.05
希腊	14.23	20.21	22.93	46.06	格鲁吉亚	0.03	0.03	0.03	0.04
缅甸	34.72	79.10	34.82	44.80	卢森堡	0.04	0.04	0.03	0.04
乌干达	55.32	37.30	22.67	43.90	乌干达	0.03	0.03	0.02	0.04
多米尼克	14.40	10.48	19.62	43.53	圭亚那	0.03	0.01	0.01	0.04
尼加拉瓜	43.99	37.97	34.00	43.21	波黑	0.02	0.03	0.03	0.04
巴林	32.88	65.59	53.36	41.57	塞浦路斯	0.03	0.03	0.04	0.04
埃及	22.39	28.08	26.82	40.48	刚果(金)	0.02	0.05	0.03	0.04
摩尔多瓦	37.25	31.98	29.61	40.35	埃塞俄比亚	0.03	0.04	0.04	0.04
塞浦路斯	8.86	10.07	8.68	39.47	萨尔瓦多	0.05	0.03	0.03	0.04
白俄罗斯	20.74	23.85	27.32	39.04	纳米比亚	0.03	0.04	0.03	0.03
拉脱维亚	41.41	27.99	25.77	38.09	摩尔多瓦	0.03	0.02	0.03	0.03
哥斯达黎加	25.21	16.82	23.13	37.20	北马其顿	0.02	0.03	0.03	0.03

国家	占本国总商品出口比重				国家	占世界初级产品出口份额			
	2000年	2010年	2019年	2020年		2000年	2010年	2019年	2020年
圣多美和普林西比	37.58	25.69	16.14	34.77	阿富汗	0.01	0.01	0.03	0.03
南非	24.00	29.31	29.54	33.18	孟加拉国	0.04	0.03	0.03	0.03
立陶宛	30.22	37.51	24.57	32.39	马达加斯加	0.03	0.01	0.03	0.03
吉尔吉斯斯坦	44.51	23.74	21.50	32.02	黎巴嫩	0.02	0.02	0.02	0.03
斯里兰卡	17.70	22.35	16.61	31.58	古巴	0.10	0.03	0.02	0.03
克罗地亚	11.86	16.05	14.99	30.74	牙买加	0.07	0.02	0.03	0.03
冈比亚	40.54	28.86	93.02	30.53	也门	0.22	0.17	0.02	0.02
塔吉克斯坦	35.45	25.84	30.89	28.19	乍得	0.01	0.06	0.02	0.02
纳米比亚	46.25	33.88	26.49	27.54	赞比亚	0.01	0.02	0.02	0.02
塞尔维亚	0.00	22.57	17.83	27.38	多哥	0.01	0.01	0.03	0.02
摩洛哥	23.87	18.98	16.55	27.24	马耳他	0.03	0.08	0.04	0.02
爱沙尼亚	26.79	22.11	18.05	27.09	南苏丹	0.00	0.03	0.02	0.02
伊朗	88.92	78.09	63.40	26.73	阿尔巴尼亚	0.00	0.01	0.01	0.02

续表

国家	占本国总商品出口比重				国家	占世界初级产品出口份额			
	2000 年	2010 年	2019 年	2020 年		2000 年	2010 年	2019 年	2020 年
保加利亚	18.58	25.40	22.44	25.22	吉尔吉斯斯坦	0.02	0.01	0.01	0.02
黎巴嫩	24.37	4.34	5.33	24.69	塞舌尔	0.02	0.01	0.01	0.01
萨摩亚	23.62	7.53	71.54	24.40	利比里亚	0.01	0.01	0.01	0.01
阿尔巴尼亚	7.58	14.24	9.86	23.91	叙利亚	0.28	0.19	0.01	0.01
萨尔瓦多	15.88	18.17	14.00	23.69	马拉维	0.03	0.02	0.02	0.01
多米尼加	6.30	16.71	12.45	23.64	所罗门群岛	0.01	0.01	0.01	0.01
马来西亚	14.82	25.40	21.73	23.02	斐济	0.02	0.02	0.02	0.01
巴基斯坦	11.72	19.41	18.83	23.00	塞拉利昂	0.00	0.00	0.01	0.01
波黑	23.02	23.04	16.87	22.90	尼泊尔	0.01	0.00	0.01	0.01
葡萄牙	9.80	15.69	13.45	21.96	厄立特里亚	0.00	0.00	0.01	0.01
泰国	17.69	19.26	16.24	20.47	贝宁	0.01	0.02	0.02	0.01
吉布提	2.99	7.05	4.30	19.24	布基纳法索	0.01	0.01	0.01	0.01
马耳他	9.62	19.02	7.77	18.28	苏里南	0.03	0.02	0.01	0.01
苏里南	83.18	33.44	17.48	18.21	黑山	0.00	0.00	0.01	0.01

续表

国家	占本国总商品出口比重				国家	占世界初级产品出口份额			
	2000年	2010年	2019年	2020年		2000年	2010年	2019年	2020年
马里	54.90	29.57	14.51	18.09	马里	0.02	0.01	0.01	0.01
乌兹别克斯坦	56.15	39.83	16.57	18.01	尼日尔	0.02	0.00	0.01	0.01
波兰	12.05	14.27	13.42	17.56	卢旺达	0.00	0.00	0.01	0.01
土耳其	10.00	13.13	13.25	17.48	巴巴多斯	0.01	0.00	0.00	0.01
突尼斯	13.24	16.63	13.64	16.27	马尔代夫	0.00	0.00	0.00	0.00
新加坡	10.60	16.02	11.63	15.74	博茨瓦纳	0.02	0.02	0.00	0.00
罗马尼亚	14.97	14.47	11.21	15.63	塔吉克斯坦	0.01	0.01	0.01	0.00
北马其顿	14.58	24.58	12.59	15.50	瓦努阿图	0.00	0.00	0.00	0.00
意大利	7.53	11.22	10.67	13.34	几内亚比绍	0.01	0.00	0.00	0.00
奥地利	9.44	9.92	8.94	13.28	莱索托	0.00	0.00	0.00	0.00
赞比亚	21.81	12.55	9.53	12.91	密克罗尼西亚	0.00	0.00	0.00	0.00
菲律宾	6.87	10.64	9.37	12.57	东帝汶	0.00	0.00	0.00	0.00
匈牙利	8.42	9.90	9.45	11.95	冈比亚	0.00	0.00	0.00	0.00
莱索托	1.05	5.22	7.86	11.69	佛得角	0.00	0.00	0.00	0.00

续表

国家	占本国总商品出口比重				国家	占世界初级产品出口份额			
	2000年	2010年	2019年	2020年		2000年	2010年	2019年	2020年
刚果（金）	29.97	42.18	13.37	11.41	基里巴斯	0.00	0.00	0.00	0.00
布基纳法索	69.00	38.74	17.89	10.99	中非	0.00	0.00	0.00	0.00
柬埔寨	4.75	6.64	5.91	10.79	布隆迪	0.00	0.00	0.00	0.00
卢森堡	2.00	2.34	1.19	10.64	索马里	0.01	0.01	0.00	0.00
斯洛文尼亚	5.22	9.78	9.65	10.60	格林纳达	0.00	0.00	0.00	0.00
越南	42.21	29.28	10.07	9.87	科摩罗	0.00	0.00	0.00	0.00
捷克	7.40	9.47	7.22	8.59	吉布提	0.00	0.00	0.00	0.00
斯洛伐克	11.29	10.88	6.98	8.17	库克群岛	0.00	0.00	0.00	0.00
韩国	6.87	7.66	8.68	7.81	萨摩亚	0.00	0.00	0.00	0.00
安提瓜和巴布达	7.21	4.16	48.01	6.98	多米尼克	0.00	0.00	0.00	0.00
中国	7.06	4.69	4.83	4.38	汤加	0.00	0.00	0.00	0.00
博茨瓦纳	14.23	23.50	2.71	4.34	安提瓜和巴布达	0.00	0.00	0.00	0.00

续表

单位：%

占本国总商品出口比重

国家	2000 年	2010 年	2019 年	2020 年
孟加拉国	7.27	6.83	2.82	3.39
纽埃	52.54	18.03	0.38	0.03

占世界初级产品出口份额

国家	2000 年	2010 年	2019 年	2020 年
圣多美和普林西比	0.00	0.00	0.00	0.00
纽埃	0.00	0.00	0.00	0.00

注：作者根据哈佛大学国际发展中心（CID）数据计算。

附 2　共建"一带一路"国家制造业产品出口情况统计（2000，2010，2019，2020 年）

占本国总商品出口比重

国家	2000 年	2010 年	2019 年	2020 年
纽埃	46.91	81.85	99.42	99.86
孟加拉国	79.70	81.62	83.00	96.36
中国	72.52	88.16	85.46	94.15
博茨瓦纳	55.56	55.11	80.06	93.85
韩国	75.94	76.48	74.75	91.37
安提瓜和巴布达	13.94	34.48	48.77	90.45

占世界制造业产品出口份额

国家	2000 年	2010 年	2019 年	2020 年
中国	6.03	15.12	18.09	19.90
韩国	3.23	4.20	3.77	3.81
意大利	4.51	3.68	3.51	3.36
越南	0.14	0.47	1.93	2.21
马来西亚	1.76	1.50	1.56	1.72
波兰	0.54	1.24	1.58	1.70

续表

国家	占本国总商品出口比重				国家	占世界制造业产品出口份额			
	2000年	2010年	2019年	2020年		2000年	2010年	2019年	2020年
斯洛伐克	72.00	78.53	78.71	89.34	新加坡	2.08	1.78	1.58	1.64
捷克	66.80	73.14	76.77	88.82	泰国	1.11	1.41	1.35	1.38
刚果（金）	67.12	47.04	84.37	88.39	捷克	0.55	1.08	1.31	1.30
莱索托	87.40	88.55	89.05	88.07	土耳其	0.48	0.91	1.13	1.11
越南	40.34	60.41	80.63	86.85	奥地利	1.03	1.17	1.09	1.08
斯洛文尼亚	76.72	68.17	68.05	86.81	匈牙利	0.53	0.77	0.81	0.81
赞比亚	60.62	74.10	75.52	84.69	印度尼西亚	0.78	0.65	0.64	0.65
匈牙利	70.03	69.64	68.00	84.67	斯洛伐克	0.21	0.54	0.62	0.61
北马其顿	59.96	52.86	67.64	83.93	俄罗斯	0.83	0.86	0.81	0.54
菲律宾	78.93	60.36	54.93	83.85	菲律宾	0.76	0.49	0.53	0.52
突尼斯	56.67	58.64	65.97	83.22	罗马尼亚	0.18	0.38	0.50	0.47
卢森堡	21.35	17.52	10.26	82.54	南非	0.42	0.50	0.40	0.42
意大利	71.45	67.56	67.88	82.26	葡萄牙	0.42	0.36	0.38	0.36
罗马尼亚	70.16	65.95	58.92	81.84	斯洛文尼亚	0.17	0.21	0.25	0.26
波兰	62.16	66.42	62.79	81.60	孟加拉国	0.11	0.17	0.29	0.25

续表

国家	占本国总商品出口比重				国家	占世界制造业产品出口份额			
	2000年	2010年	2019年	2020年		2000年	2010年	2019年	2020年
奥地利	80.10	59.93	56.38	81.22	阿联酋	0.13	0.43	0.78	0.23
马耳他	58.10	19.79	14.06	79.27	沙特阿拉伯	0.17	0.34	0.35	0.22
土耳其	48.02	60.50	58.76	79.23	乌克兰	0.22	0.34	0.18	0.17
巴基斯坦	69.29	57.00	61.21	76.30	立陶宛	0.05	0.09	0.15	0.17
马来西亚	71.99	59.86	64.33	76.28	保加利亚	0.07	0.13	0.17	0.16
波黑	42.16	46.68	55.89	75.93	智利	0.15	0.34	0.18	0.15
葡萄牙	59.79	50.40	47.09	75.22	摩洛哥	0.10	0.12	0.17	0.15
柬埔寨	70.02	64.18	60.58	73.81	巴基斯坦	0.13	0.16	0.14	0.14
新加坡	68.05	49.97	39.76	73.35	希腊	0.13	0.13	0.12	0.14
萨尔瓦多	54.00	61.77	48.89	72.84	柬埔寨	0.03	0.05	0.13	0.13
泰国	63.48	52.57	54.25	72.10	埃及	0.05	0.12	0.12	0.11
保加利亚	47.92	47.15	48.91	71.62	塞尔维亚	0.00	0.06	0.11	0.11
摩洛哥	41.26	35.41	44.24	71.59	卢森堡	0.12	0.14	0.10	0.10
塞尔维亚	—	48.71	52.24	70.75	爱沙尼亚	0.06	0.07	0.08	0.09
斯里兰卡	65.42	53.33	44.00	67.64	刚果（金）	0.01	0.02	0.07	0.09

续表

国家	占本国总商品出口比重				国家	占世界制造业产品出口份额			
	2000年	2010年	2019年	2020年		2000年	2010年	2019年	2020年
爱沙尼亚	47.15	45.05	44.17	67.14	突尼斯	0.11	0.13	0.11	0.09
克罗地亚	35.67	34.29	32.67	65.57	克罗地亚	0.06	0.08	0.08	0.09
立陶宛	43.07	41.47	42.74	64.40	阿根廷	0.18	0.23	0.11	0.08
阿尔巴尼亚	30.49	24.10	27.33	64.34	伊朗	0.05	0.14	0.07	0.07
圣多美和普林西比	19.00	30.03	14.47	63.87	拉脱维亚	0.03	0.05	0.06	0.07
摩尔多瓦	42.38	36.19	37.93	59.38	哈萨克斯坦	0.04	0.09	0.10	0.07
哥斯达黎加	46.76	63.64	33.76	59.20	缅甸	0.02	0.01	0.07	0.07
白俄罗斯	42.83	38.02	42.67	59.09	新西兰	0.10	0.08	0.06	0.06
拉脱维亚	31.20	37.86	40.28	57.61	哥斯达黎加	0.09	0.17	0.06	0.06
纳米比亚	23.45	50.09	50.97	56.90	斯里兰卡	0.09	0.06	0.07	0.06
巴林	37.31	16.12	44.69	56.89	白俄罗斯	0.07	0.10	0.13	0.06
塞浦路斯	11.58	14.90	12.33	55.41	北马其顿	0.02	0.02	0.05	0.05
多米尼加	43.42	33.52	27.41	54.79	卡塔尔	0.02	0.04	0.05	0.05
多米尼克	34.47	18.36	77.08	51.59	阿曼	0.02	0.05	0.07	0.04

续表

国家	占本国总商品出口比重				国家	占世界制造业产品出口份额			
	2000年	2010年	2019年	2020年		2000年	2010年	2019年	2020年
南非	53.34	48.13	43.65	50.87	赞比亚	0.01	0.05	0.05	0.04
尼泊尔	47.18	42.80	18.19	50.83	波黑	0.01	0.03	0.04	0.04
巴巴多斯	8.65	17.93	53.09	50.55	秘鲁	0.05	0.08	0.06	0.04
希腊	20.28	20.22	19.73	50.34	多米尼加	0.09	0.04	0.04	0.04
缅甸	30.98	14.33	34.15	48.98	乌兹别克斯坦	0.01	0.03	0.03	0.03
埃及	14.97	24.03	26.37	48.89	萨尔瓦多	0.05	0.03	0.03	0.03
印度尼西亚	54.30	37.31	41.09	48.57	博茨瓦纳	0.02	0.02	0.03	0.03
马达加斯加	33.67	27.54	35.28	48.46	科威特	0.02	0.05	0.06	0.03
黎巴嫩	69.71	10.85	10.76	46.70	巴林	0.03	0.04	0.04	0.02
科摩罗	22.08	16.24	17.68	45.87	马耳他	0.04	0.03	0.02	0.02
吉布提	2.41	2.05	2.57	45.21	纳米比亚	0.00	0.02	0.02	0.02
格鲁吉亚	16.05	19.51	21.36	43.91	特立尼达和多巴哥	0.02	0.05	0.03	0.02
塔吉克斯坦	64.12	44.35	34.61	43.74	尼加拉瓜	0.01	0.01	0.02	0.02
伊朗	6.69	12.92	29.35	43.12	塞浦路斯	0.01	0.02	0.02	0.02

续表

国家	占本国总商品出口比重				国家	占世界制造业产品出口份额			
	2000 年	2010 年	2019 年	2020 年		2000 年	2010 年	2019 年	2020 年
特立尼达和多巴哥	22.94	33.93	38.58	42.77	黎巴嫩	0.01	0.02	0.01	0.01
乌克兰	53.54	47.33	32.83	41.77	摩尔多瓦	0.01	0.01	0.01	0.01
黑山	—	17.23	9.43	41.52	肯尼亚	0.01	0.02	0.01	0.01
尼加拉瓜	28.82	35.47	38.25	40.09	阿尔巴尼亚	0.00	0.01	0.01	0.01
萨摩亚	73.25	28.03	24.43	37.27	老挝	0.00	0.01	0.02	0.01
尼日尔	24.03	45.25	9.36	35.78	阿尔及利亚	0.01	0.01	0.01	0.01
埃塞俄比亚	6.61	5.51	24.09	32.22	格鲁吉亚	0.00	0.01	0.01	0.01
智利	33.76	42.80	29.37	31.58	乌拉圭	0.02	0.02	0.01	0.01
莫桑比克	28.65	48.98	20.12	31.25	莫桑比克	0.00	0.02	0.01	0.01
乌兹别克斯坦	21.34	36.46	18.92	30.63	巴拿马	0.03	0.05	0.01	0.01
哈萨克斯坦	16.83	17.93	22.33	29.56	文莱	0.01	0.00	0.00	0.01
巴拿马	29.38	39.66	9.75	29.41	马达加斯加	0.01	0.01	0.01	0.01
肯尼亚	13.27	19.48	16.18	27.36	塞内加尔	0.00	0.01	0.01	0.01
库克群岛	85.75	15.68	29.51	25.81	厄瓜多尔	0.01	0.02	0.01	0.01

续表

国家	占本国总商品出口比重				国家	占世界制造业产品出口份额			
	2000年	2010年	2019年	2020年		2000年	2010年	2019年	2020年
俄罗斯	31.51	18.35	21.88	25.63	刚果（布）	0.00	0.02	0.02	0.01
塞内加尔	15.96	22.55	23.37	25.31	坦桑尼亚	0.00	0.01	0.01	0.01
老挝	35.44	32.59	29.16	25.06	玻利维亚	0.01	0.01	0.01	0.01
阿联酋	16.03	31.99	23.72	24.42	莱索托	0.00	0.01	0.01	0.01
圭亚那	11.93	4.82	5.51	22.51	埃塞俄比亚	0.00	0.00	0.00	0.01
亚美尼亚	42.03	25.31	13.75	21.48	亚美尼亚	0.00	0.00	0.01	0.01
阿曼	8.51	11.99	22.81	20.90	委内瑞拉	0.08	0.03	0.01	0.01
新西兰	25.86	19.73	14.10	20.59	圭亚那	0.00	0.00	0.00	0.00
沙特阿拉伯	7.55	11.60	19.96	20.43	尼日利亚	0.00	0.03	0.03	0.00
中非	72.09	34.57	14.74	19.50	阿塞拜疆	0.00	0.01	0.00	0.00
坦桑尼亚	11.19	15.04	10.50	18.75	乌干达	0.00	0.00	0.00	0.00
叙利亚	8.12	16.30	19.25	18.25	津巴布韦	0.01	0.00	0.00	0.00
吉尔吉斯斯坦	18.10	26.06	14.30	18.03	安哥拉	0.01	0.01	0.01	0.00
利比里亚	71.61	36.62	41.99	17.83	吉尔吉斯斯坦	0.00	0.00	0.00	0.00
佛得角	7.95	6.55	2.01	17.79	尼泊尔	0.01	0.01	0.00	0.00

续表

国家	占本国总商品出口比重				国家	占世界制造业产品出口份额			
	2000年	2010年	2019年	2020年		2000年	2010年	2019年	2020年
阿根廷	27.91	28.63	17.98	17.43	塔吉克斯坦	0.01	0.01	0.00	0.00
文莱	11.57	3.07	7.23	16.33	加蓬	0.00	0.00	0.00	0.00
格林纳达	15.78	2.98	17.88	15.85	巴巴多斯	0.00	0.00	0.00	0.00
乌拉圭	29.76	18.67	11.68	15.13	利比亚	0.01	0.01	0.00	0.00
塞拉利昂	67.44	41.68	22.37	15.06	伊拉克	0.00	0.00	0.00	0.00
乌干达	3.97	16.03	5.04	14.78	喀麦隆	0.00	0.00	0.00	0.00
索马里	3.03	1.65	3.87	14.16	黑山	0.00	0.00	0.01	0.00
秘鲁	31.17	21.80	14.39	13.92	加纳	0.01	0.00	0.00	0.00
刚果（布）	6.48	16.43	27.34	11.76	尼日尔	0.00	0.00	0.00	0.00
斐济	28.56	8.98	8.91	11.70	利比里亚	0.01	0.00	0.00	0.00
卡塔尔	9.66	5.57	7.52	11.36	蒙古国	0.00	0.00	0.00	0.00
津巴布韦	34.01	25.92	14.54	11.17	巴布亚新几内亚	0.00	0.00	0.00	0.00
玻利维亚	21.00	13.27	9.26	10.94	科特迪瓦	0.01	0.01	0.01	0.00
委内瑞拉	11.91	3.15	5.25	10.45	叙利亚	0.01	0.03	0.01	0.00
科威特	2.69	4.31	6.23	9.15	赤道几内亚	0.00	0.00	0.00	0.00

续表

国家	占本国总商品出口比重				国家	占世界制造业产品出口份额			
	2000年	2010年	2019年	2020年		2000年	2010年	2019年	2020年
卢旺达	8.16	4.46	4.84	8.40	安提瓜和巴布达	0.00	0.00	0.00	0.00
瓦努阿图	24.88	7.99	4.72	8.17	塞拉利昂	0.00	0.00	0.00	0.00
马尔代夫	23.61	0.36	0.21	8.04	纽埃	0.00	0.00	0.00	0.00
汤加	3.80	3.84	2.17	7.71	牙买加	0.01	0.00	0.00	0.00
阿尔及利亚	1.90	2.16	4.77	7.34	斐济	0.01	0.00	0.00	0.00
加蓬	2.36	5.60	7.61	6.30	也门	0.00	0.00	0.00	0.00
牙买加	15.69	4.33	1.91	6.15	吉布提	0.00	0.00	0.00	0.00
也门	0.70	2.48	5.56	6.12	苏丹	0.00	0.00	0.00	0.00
冈比亚	58.99	8.76	5.76	6.09	阿富汗	0.00	0.00	0.00	0.00
喀麦隆	6.58	7.72	4.13	5.74	多哥	0.00	0.00	0.00	0.00
厄瓜多尔	8.65	9.06	5.27	5.56	古巴	0.00	0.00	0.00	0.00
多哥	19.77	21.21	22.33	5.15	马拉维	0.00	0.00	0.00	0.00
马拉维	10.03	10.94	7.42	5.00	苏里南	0.00	0.00	0.00	0.00
阿塞拜疆	8.53	2.68	2.67	4.39	卢旺达	0.00	0.00	0.00	0.00
塞舌尔	2.80	8.86	9.27	4.26	塞舌尔	0.00	0.00	0.00	0.00

续表

国家	占本国总商品出口比重				国家	占世界制造业产品出口份额			
	2000年	2010年	2019年	2020年		2000年	2010年	2019年	2020年
赤道几内亚	0.71	5.51	6.40	3.96	科摩罗	0.00	0.00	0.00	0.00
布隆迪	4.86	4.71	7.37	3.83	毛里塔尼亚	0.00	0.00	0.00	0.00
阿富汗	15.80	4.28	3.78	3.36	几内亚	0.00	0.00	0.00	0.00
古巴	10.65	18.27	5.10	2.55	冈比亚	0.00	0.00	0.00	0.00
利比亚	4.37	2.87	0.67	2.48	马里	0.00	0.00	0.00	0.00
苏丹	4.44	0.89	1.01	2.37	中非	0.00	0.00	0.00	0.00
蒙古国	26.49	2.61	2.70	2.26	马尔代夫	0.00	0.00	0.00	0.00
安哥拉	7.72	1.65	5.76	2.04	佛得角	0.00	0.00	0.00	0.00
加纳	19.05	7.12	3.53	1.99	萨摩亚	0.00	0.00	0.00	0.00
尼日利亚	0.84	4.24	6.48	1.82	圣多美和普林西比	0.00	0.00	0.00	0.00
苏里南	5.17	2.34	1.47	1.78	瓦努阿图	0.00	0.00	0.00	0.00
所罗门群岛	2.15	1.11	1.12	1.69	多米尼克	0.00	0.00	0.00	0.00
贝宁	11.77	7.59	6.38	1.64	索马里	0.00	0.00	0.00	0.00
巴布亚新几内亚	1.33	1.69	1.17	1.62	所罗门群岛	0.00	0.00	0.00	0.00

国家	占本国总商品出口比重				国家	占世界制造业产品出口份额			
	2000 年	2010 年	2019 年	2020 年		2000 年	2010 年	2019 年	2020 年
东帝汶	2.11	8.90	1.51	1.61	格林纳达	0.00	0.00	0.00	0.00
马里	14.16	7.03	4.01	1.36	库克群岛	0.00	0.00	0.00	0.00
科特迪瓦	13.77	11.08	8.10	1.29	贝宁	0.00	0.00	0.00	0.00
基里巴斯	10.97	10.58	5.31	1.28	布基纳法索	0.00	0.00	0.00	0.00
密克罗尼西亚	19.76	1.31	0.55	1.01	布隆迪	0.00	0.00	0.00	0.00
厄立特里亚	6.40	61.17	0.57	0.91	厄立特里亚	0.00	0.00	0.00	0.00
毛里塔尼亚	1.15	0.31	0.62	0.82	乍得	0.00	0.00	0.00	0.00
几内亚比绍	0.48	0.71	0.36	0.72	东帝汶	0.00	0.00	0.00	0.00
几内亚	25.65	2.49	0.84	0.47	密克罗尼西亚	0.00	0.00	0.00	0.00
伊拉克	0.10	0.09	0.18	0.34	几内亚比绍	0.00	0.00	0.00	0.00
乍得	6.75	8.59	0.26	0.20	基里巴斯	0.00	0.00	0.00	0.00
布基纳法索	28.92	6.63	3.18	0.19	汤加	0.00	0.00	0.00	0.00
南苏丹	—	—	0.02	0.09	南苏丹	0.00	0.00	0.00	0.00

注：作者根据哈佛大学国际发展中心（CID）数据计算。

第四章 | 共建"一带一路"国家工业化
阶段及问题

一、共建"一带一路"国家工业化阶段

在第二章中，我们对工业化的度量和工业化阶段划分的问题进行了探讨。我们认为，钱纳里的工业化阶段划分方法和联合国工业发展组织的工业化阶段划分方法虽然存在过于机械性的问题，但也具有数据获取容易且可操作性强的优势。只是需要我们结合各国不同情况予以解读。因此，本部分我们将配合使用钱纳里人均收入划分法和联合国工业

发展组织划分方法对共建"一带一路"国家的工业化发展阶段进行划分。

(一)基于钱纳里人均收入划分法的工业化阶段划分

基于前期的计算我们得到，按照 2015 年不变价美元的标准，我们可以把工业化按照人均 GDP 的数值划分为这样几个阶段：880～1770 美元为准工业化阶段；1770～3500 美元为工业化初期阶段；3500～7075 美元为工业化中期阶段；7075～13280 美元为工业化后期阶段；13280 美元以上则为后工业化阶段。按照这个标准，我们对 2020 年共建"一带一路"国家所处的工业化阶段进行了划分，得到如表 4.1 的结果。

可以看到，按照人均收入划分，150 个共建"一带一路"国家中有 31 个国家进入后工业化时期，其中以欧洲发达国家为主。但值得注意的是，也有两类国家因较高的收入被划分为后工业化国家：一类是资源丰裕型国家，如卡塔尔、科威特、沙特阿拉伯等国；另一类是小规模岛国，如库克群岛、巴巴多斯、纽埃等国。虽然这些国家人均收入较高，但并不意味着其工业化发展已经达到了高级阶段，只能说明其人均收入达到了后工业化国家的水平。工业化后期的 17 个国家中也存在类似的情况。

表 4.1　基于钱纳里划分法的共建"一带一路"国家工业化发展阶段（2020 年）

工业化前期（24个）	准工业化阶段（23个）	工业化初期阶段（21个）	工业化中期阶段（34个）	工业化后期阶段（17个）	后工业化阶段（31个）
尼泊尔	所罗门群岛	吉布提	苏里南	阿曼	卢森堡
卢旺达	孟加拉国	安哥拉	加蓬	智利	卡塔尔
马里	塞里巴斯	菲律宾	多米尼克	克罗地亚	新加坡
多哥	刚果	委内瑞拉	马尔代夫	阿根廷	奥地利
埃塞俄比亚	圣多美和普林西比	密克罗尼西亚	赤道几内亚	巴拿马	新西兰
布基纳法索	缅甸	乌兹别克斯坦	博茨瓦纳	土耳其	阿联酋
乍得	肯尼亚	玻利维亚	黑山	哥斯达黎加	韩国
冈比亚	毛里塔尼亚	摩洛哥	泰国	哈萨克斯坦	文莱
乌干达	巴基斯坦	佛得角	白俄罗斯	罗马尼亚	意大利
也门	柬埔寨	巴布亚新几内亚	秘鲁	马来西亚	马耳他
厄立特里亚	塞内加尔	越南	厄瓜多尔	中国	科威特
几内亚比绍	喀麦隆	瓦努阿图	波黑	俄罗斯	斯洛文尼亚
塞拉利昂	东帝汶	老挝	黎巴嫩	圭亚那	库克群岛

续表

工业化前期（24个）	准工业化阶段（23个）	工业化初期阶段（21个）	工业化中期阶段（34个）	工业化后期阶段（17个）	后工业化阶段（31个）
莫桑比克	科摩罗	尼日利亚	塞尔维亚	格林纳达	爱沙尼亚
利比里亚	津巴布韦	科特迪瓦	南非	古巴	葡萄牙
南苏丹	赞比亚	乌克兰	北马其顿	保加利亚	巴林
尼日尔	塔吉克斯坦	摩尔多瓦	阿塞拜疆	多米尼加	捷克
阿富汗	贝宁	苏丹	伊朗		沙特阿拉伯
刚果（金）	吉尔吉斯斯坦	加纳	斐济		塞浦路斯
马达加斯加	叙利亚	尼加拉瓜	牙买加		希腊
中非	莱索托	利比亚	阿尔巴尼亚		立陶宛
马拉维	坦桑尼亚		伊拉克		斯洛伐克
布隆迪	几内亚		汤加		拉脱维亚
索马里			格鲁吉亚		乌拉圭
马里			斯里兰卡		纽埃
			蒙古国		特立尼达和多巴哥

续表

工业化前期 （24 个）	准工业化阶段 （23 个）	工业化初期阶段 （21 个）	工业化中期阶段 （34 个）	工业化后期阶段 （17 个）	后工业化阶段 （31 个）
			纳米比亚		波兰
			萨摩亚		匈牙利
			亚美尼亚		塞舌尔
			埃及		巴巴多斯
			阿尔及利亚		安提瓜和巴布达
			印度尼西亚		
			萨尔瓦多		
			突尼斯		

注：由于钱纳里划分法对人均 GDP 低于 880 美元的国家没有明确分类，这里将这类国家划分为"工业化前期"国家；作者根据联合国工业发展组织（UNIDO）数据计算，其中密克罗尼西亚的缺失数据以世界银行数据库数据补充，纽埃的缺失数据以亚洲发展银行数据补充。具体见亚洲发展银行发布的 *Key Indicators for Asia and the Pacific* 2021。

人均收入水平处在工业化阶段，也即工业化初期、中期和后期的国家有 72 个，其中处于工业化中期的国家数最多，这些国家正处在工业化发展的爬坡阶段。但需要指出的是，当前的划分仅为静态的分类，并不能说明这类国家正处在工业化发展的上升期，因为工业化过程远比人均收入的表现更为复杂。尚未进入工业化发展阶段，也即处在工业化前期和准工业化的国家达到 47 个，其中绝大多数为亚洲和非洲国家，这些国家农业生产和就业占比一般较高，制造业发展较为滞后，并在国际贸易中处在价值链较底端，工业化发展压力更大。

(二)基于联合国工业发展组织的工业化阶段划分

我们已经了解到，联合国工业发展组织的工业化阶段划分主要考察三个指标，也即是基于购买力平价调整后的人均制造业增加值、基于购买力平价的人均 GDP 和制造业增加值规模占世界的比重。联合国工业发展组织发布的 *International Yearbook of Industrial Statistics* 2021 中对世界各国 2020 年工业化发展阶段进行了划分[1]，我们从中汇总出了共建"一带一路"国家的情况，形成了如表 4.2 的结果。

可以看到，由于在联合国工业发展组织的划分标准中基于

---

[1]　UNIDO，*International Yearbook of Industrial Statistics* 2021（Cheltenham：Edward Elgar Publishing，2021）.

购买力平价的人均 GDP 是主要指标之一，其所得到的划分结果
与钱纳里人均收入工业化阶段划分法有较强的一致性。表
4.2 中几乎所有的工业国都是表 4.1 中所列的工业化后期国家或
后工业化国家。同时二者存在的问题也是类似的：虽然一些资
源丰裕国家和规模较小的高收入国家被列为工业国，但并不能
说明这些国家达到了工业化的高级阶段。

表 4.2 基于联合国工业发展组织的共建"一带一路"国家工业化发展阶段(2020 年)

工业国	新兴工业国	其他发展中国家	最不发达国家
阿联酋	阿根廷	阿尔巴尼亚	阿富汗
爱沙尼亚	阿曼	阿尔及利亚	埃塞俄比亚
奥地利	埃及	阿塞拜疆	安哥拉
巴林	巴拿马	安提瓜和巴布达	贝宁
白俄罗斯	保加利亚	巴巴多斯	布基纳法索
波兰	北马其顿	巴布亚新几内亚	布隆迪
俄罗斯	波黑	巴基斯坦	东帝汶
韩国	菲律宾	玻利维亚	多哥
捷克	哥斯达黎加	博茨瓦纳	厄立特里亚
卡塔尔	哈萨克斯坦	赤道几内亚	冈比亚
科威特	克罗地亚	多米尼加	刚果(金)
拉脱维亚	罗马尼亚	多米尼克	基里巴斯
立陶宛	秘鲁	厄瓜多尔	吉布提
卢森堡	南非	斐济	几内亚
马耳他	塞尔维亚	佛得角	几内亚比绍
马来西亚	塞浦路斯	刚果(布)	柬埔寨
葡萄牙	沙特阿拉伯	格林纳达	科摩罗

续表

工业国	新兴工业国	其他发展中国家	最不发达国家
斯洛伐克	斯里兰卡	古巴	莱索托
斯洛文尼亚	苏里南	圭亚那	老挝
特立尼达和多巴哥	泰国	黑山	利比里亚
新加坡	突尼斯	吉尔吉斯斯坦	卢旺达
新西兰	土耳其	加纳	马达加斯加
匈牙利	委内瑞拉	加蓬	马拉维
意大利	文莱	津巴布韦	马里
智利	乌克兰	喀麦隆	毛里塔尼亚
	乌拉圭	科特迪瓦	孟加拉国
	希腊	肯尼亚	缅甸
	伊朗	库克群岛	莫桑比克
	印度尼西亚	黎巴嫩	南苏丹
	越南	利比亚	尼泊尔
	中国	马尔代夫	尼日尔
		蒙古国	塞拉利昂
		密克罗尼西亚	塞内加尔
		摩尔多瓦	圣多美和普林西比
		摩洛哥	苏丹
		纳米比亚	所罗门群岛
		尼加拉瓜	索马里
		尼日利亚	坦桑尼亚
		格鲁吉亚	乌干达
		萨尔瓦多	也门
		萨摩亚	赞比亚
		塞舌尔	乍得

续表

工业国	新兴工业国	其他发展中国家	最不发达国家
		塔吉克斯坦	中非
		汤加	
		瓦努阿图	
		乌兹别克斯坦	
		叙利亚	
		牙买加	
		亚美尼亚	
		伊拉克	

数据来源：UNIDO，*International Yearbook of Industrial Statistics* 2021。由于数据缺失，其中不包括纽埃的信息。

共建"一带一路"国家中的工业国有 25 个，仅占世界工业国总数（65 个）的近 40%。但联合国官方所列的世界上最不发达国家共有 46 个，其中 43 个是共建"一带一路"国家；被联合国工业发展组织认定为其他发展中国家的国家有 65 个，其中 51 个是共建"一带一路"国家。这充分说明了共建"一带一路"国家在工业化发展方面处于劣势地位。但值得一提的是，联合国工业发展组织列出了 37 个新兴工业国，其中有 31 个共建"一带一路"国家，也说明了共建"一带一路"国家是全球工业化发展的重要推动力量，具有较大的工业化发展潜力。

(三)共建"一带一路"国家工业竞争力

为了对世界各国工业竞争力进行合理评估，联合国工业发展组织开发了工业竞争力指数(Competitive Industrial Performance,CIP)。工业竞争力被定义为各国增加其在国际和国内制造业市场的份额,同时发展附加值和技术含量较高的工业部门和活动的能力。基于这一定义可以看出,扩大工业生产以及提高工业产品技术含量是提高工业竞争力的必要条件。工业竞争力指数尤其注重对各国制造业发展的考察,其由三个维度的六项指标计算而成(见表4.3)。

表 4.3　联合国工业发展组织工业竞争力指数指标体系

维度	指标
生产和出口制造业产品的能力	人均制造业增加值
	人均制造业产品出口额
技术的深化与升级	中高技术产业增加值占总增加值的比重与制造业增加值占 GDP 的比重
	中高技术制造业出口占制造业出口总额的比重与制造业出口占出口总额的比重
世界的影响	制造业产品出口额世界占比
	制造业增加值世界占比

资料来源:*Competitive Industrial Performance Report* 2020。

工业竞争力指数涵盖了世界上 152 个国家和地区的工业竞争力情况,并将所有国家工业竞争力分为 5 等,包括高、中偏高、中、中偏低、低。我们根据联合国工业发展组织的计算结果,汇总出了数据可得的 115 个共建"一带一路"国家的 2000 年和 2019 年工业竞争力排名情况(见表4.4)。

表 4.4 共建"一带一路"国家工业竞争力排名情况（2000、2019 年）

国家	2000年世界排名	2019年世界排名	2019年所处分位	2000—2019年世界排名变化	国家	2000年世界排名	2019年世界排名	2019年所处分位	2000—2019年世界排名变化
中国	23	2	高	21↑	巴基斯坦	76	85	中	-9↓
韩国	10	5	高	5↑	柬埔寨	113	86	中	27↑
新加坡	12	9	高	3↑	厄瓜多尔	83	87	中	-4↓
意大利	5	11	高	-6↓	古巴	73	91	中偏低	-18↓
奥地利	17	15	高	2↑	尼日利亚	132	92	中偏低	40↑
捷克	26	16	高	10↑	博茨瓦纳	87	93	中偏低	-6↓
马来西亚	21	22	高	-1↓	乌兹别克斯坦	94	94	中偏低	0—
波兰	36	23	高	13↑	塞浦路斯	90	95	中偏低	-5↓
泰国	25	25	高	0—	黎巴嫩	91	96	中偏低	-5↓
匈牙利	28	26	高	2↑	科特迪瓦	96	97	中偏低	-1↓
斯洛伐克	47	27	高	20↑	纳米比亚	95	98	中偏低	-3↓
土耳其	34	28	高	6↑	亚美尼亚	122	99	中偏低	23↑

国家	2000年世界排名	2019年世界排名	2019年所处分位	2000—2019年世界排名变化	国家	2000年世界排名	2019年世界排名	2019年所处分位	2000—2019年世界排名变化
阿联酋	42	30	高	12 ↑	阿尔及利亚	93	100	中偏低	−7 ↓
斯洛文尼亚	32	31	中偏高	1 ↑	玻利维亚	100	101	中偏低	−1 ↓
罗马尼亚	48	33	中偏高	15 ↑	蒙古国	121	102	中偏低	19 ↑
葡萄牙	29	34	中偏高	−5 ↓	塞内加尔	104	103	中偏低	1 ↑
俄罗斯	33	35	中偏高	−2 ↓	格鲁吉亚	117	104	中偏低	13 ↑
越南	81	36	中偏高	45 ↑	牙买加	84	105	中偏低	−21 ↓
沙特阿拉伯	46	39	中偏高	7 ↑	安哥拉	133	107	中偏低	26 ↑
印度尼西亚	37	40	中偏高	−3 ↓	摩尔多瓦	116	108	中偏低	8 ↑
立陶宛	59	41	中偏高	18 ↑	老挝	123	109	中偏低	14 ↑
菲律宾	39	43	中偏高	−4 ↓	加蓬	114	110	中偏低	4 ↑
新西兰	35	44	中偏高	−9 ↓	肯尼亚	108	112	中偏低	−4 ↓
卢森堡	30	45	中偏高	−15 ↓	津巴布韦	105	114	中偏低	−9 ↓
白俄罗斯	56	46	中偏高	10 ↑	巴巴多斯	88	115	中偏低	−27 ↓

续表

国家	2000年世界排名	2019年世界排名	2019年所处分位	2000—2019年世界排名变化
爱沙尼亚	54	47	中偏高	7 ↑
卡塔尔	53	48	中偏高	5 ↑
智利	49	49	中偏高	0 —
巴林	67	50	中偏高	17 ↑
希腊	43	51	中偏高	−8 ↓
南非	45	52	中偏高	−7 ↓
保加利亚	65	53	中偏高	12 ↑
克罗地亚	52	54	中偏高	−2 ↓
阿根廷	40	55	中偏高	−15 ↓
伊朗	82	56	中偏高	26 ↑
拉脱维亚	68	57	中偏高	11 ↑
科威特	50	58	中偏高	−8 ↓
坦桑尼亚	138	116	中偏低	22 ↑
加纳	110	117	中偏低	−7 ↓
阿塞拜疆	106	118	中偏低	−12 ↓
斐济	102	119	中偏低	−17 ↓
叙利亚	125	120	中偏低	5 ↑
阿尔巴尼亚	129	121	低	8 ↑
喀麦隆	120	122	低	−2 ↓
吉尔吉斯斯坦	118	123	低	−5 ↓
刚果	130	124	低	6 ↑
利比亚	71	125	低	−54 ↓
赞比亚	126	126	低	0 —
黑山	107	127	低	−20 ↓

续表

国家	2000年世界排名	2019年世界排名	2019年所处分位	2000—2019年世界排名变化
特立尼达和多巴哥	55	59	中偏高	-4 ↓
阿曼	79	60	中偏高	19 ↑
秘鲁	74	61	中	13 ↑
摩洛哥	66	62	中	4 ↑
塞尔维亚	77	63	中	14 ↑
埃及	64	64	中	0 —
哈萨克斯坦	112	65	中	47 ↑
哥斯达黎加	51	66	中	-15 ↓
孟加拉国	86	67	中	19 ↑
突尼斯	62	68	中	-6 ↓
乌克兰	60	69	中	-9 ↓
苏里南	131	128	低	3 ↑
塔吉克斯坦	119	129	低	-10 ↓
巴布亚新几内亚	115	130	低	-15 ↓
乌干达	145	131	低	14 ↑
马达加斯加	128	133	低	-5 ↓
莫桑比克	142	134	低	8 ↑
尼泊尔	127	136	低	-9 ↓
尼日尔	135	137	低	-2 ↓
佛得角	141	139	低	2 ↑
卢旺达	148	140	低	8 ↑
马拉维	144	143	低	1 ↑

续表

国家	2000年世界排名	2019年世界排名	2019年所处分位	2000—2019年世界排名变化
马耳他	44	70	中	-26 ↓
巴拿马	101	72	中	29 ↑
斯里兰卡	69	74	中	-5 ↓
北马其顿	92	76	中	16 ↑
委内瑞拉	38	77	中	-39 ↓
乌拉圭	72	78	中	-6 ↓
文莱	89	80	中	9 ↑
萨尔瓦多	85	81	中	4 ↑
波黑	97	82	中	15 ↑
缅甸	134	83	中	51 ↑
马尔代夫	136	144	低	-8 ↓
埃塞俄比亚	151	145	低	6 ↑
布隆迪	150	146	低	4 ↑
厄立特里亚	146	147	低	-1 ↓
阿富汗	137	148	低	-11 ↓
冈比亚	149	149	低	0 —
伊拉克	124	150	低	-26 ↓
汤加	152	151	低	1 ↑
也门	140	152	低	-12 ↓

数据来源：联合国工业发展组织。

首先，共建"一带一路"国家工业化竞争力并不强。115 个国家中有约一半工业竞争力所处分位为中偏低和低的国家（54 个），同样以非洲和亚洲国家为主。其次，十年间，工业竞争力指数排名上升和排名下降的国家几乎各占一半，总体上上升的幅度大于下降的幅度，表现出一定的进步潜力。其中以缅甸上升速度最快，从 2000 年的第 134 位（低分位）一跃上升到 2019 年的第 83 位（中分位），上升名次达 51 位。其他工业竞争力迅速上升的国家还包括哈萨克斯坦（上升 47 位）、越南（上升 45 位）、尼日利亚（上升 40 位）。另有 8 个国家上升位次超过 20 个，10 个国家上升位次超过 10 个。下降最快的国家是利比亚，从 2000 年的第 71 名（中分位）快速下跌到 2019 年的第 125 位，降幅达到 54 个位次。委内瑞拉从 2000 年的第 38 位（中偏高分位）下降到了 2019 年的第 77 位（中分位），降幅也达到 39 个位次。另有 5 个国家降幅超过 20 个位次，10 个国家降幅超过 10 个位次。

二、共建"一带一路"国家工业化问题

对以发展中国家为主要构成的共建"一带一路"国家而言，工业化发展仍面临很多挑战。前面的内容对这一现象进行了较

为详细的数据和统计描述。那么,是哪些因素导致了这一现象的产生呢?在第二章中,我们对发展中国家工业化的基本理论问题进行了梳理,本部分将利用我们在第二章中的理论框架,从人口、资源、资本与基础设施、技术与知识、制度与政府角色、外贸与外资六个方面对共建"一带一路"国家工业化所面临的障碍进行简要的分析。

(一)人口

人口增长过快会导致一系列包括降低人民消费水平、不利于资本形成、高赡养率、资本宽化、就业不足、加剧基础设施供应紧张、人力资本水平下降、自然资源耗竭、环境污染和生态失衡等在内的问题,因而被认为是限制发展中国家工业化的重要因素。根据世界银行数据计算,20 世纪 70 年代以来,共建"一带一路"国家人口增长率呈波动下降趋势(见图 4.1),但2020 年共建"一带一路"国家人口增长率为 1.16%,超过 1.02%的世界平均水平。从国家层面看,有一半以上的国家人口增长率超过世界平均水平,更有约 50 个国家人口增长率超过 2%的水平,属于人口过快增长的国家。

过快的人口增长的确给大多数共建"一带一路"国家带来粮食安全问题。根据 2018 年的统计数据,共建"一带一路"国家人均谷物产量值约为 290 千克,低于世界平均水平(394.32 千

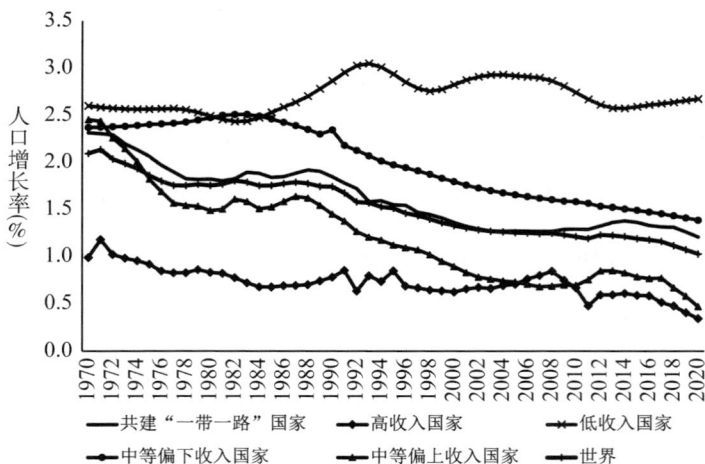

图 4.1　共建"一带一路"国家人口增长率及其与世界水平对比（1970—2020 年）

　　注：作者根据世界银行数据制图。由于世界银行尚未统计库克群岛和纽埃两国数据，因此图中共建"一带一路"国家并不包括库克群岛和纽埃。

克）约 100 千克，而这一状况在近几年有改善趋势（见表 4.5）。此外共建"一带一路"国家中有超过 110 个国家人均谷物产量低于世界平均水平，另有超过 60 个国家人均谷物产量低于 152.57 千克的低收入国家水平。

　　但从人均耕地面积上看，共建"一带一路"国家均值大于世界平均水平（见表 4.6）。结合在谷物生产上的表现可知，共建"一带一路"国家农业生产效率是偏低的，这与前文的分析结论是一致的。可以预期，过快的人口增长与偏低的农业生产效率将给共建"一带一路"国家的工业化发展带来挑战。

表4.5 共建"一带一路"国家人均谷物产量及其与世界平均水平对比（2012—2018年）

单位：千克/人

项目	2012年	2013年	2014年	2015年	2016年	2017年	2018年
共建"一带一路"国家	259.98	278.91	290.81	283.27	290.26	284.49	288.36
世界	366.39	390.84	393.33	392.68	400.16	406.56	394.32
高收入国家	645.45	726.16	739.01	715.76	758.90	735.54	702.56
中高等收入国家	406.06	432.95	436.26	458.32	453.70	483.24	460.31
中低等收入国家	262.52	269.23	268.86	263.04	269.27	273.82	276.85
低收入国家	164.65	163.93	166.96	156.48	160.02	151.37	152.57

注：作者根据世界银行数据计算。限于数据可得性，表中共建"一带一路"国家不包括萨摩亚、赤道几内亚、塞舌尔、巴林、新加坡、汤加、基里巴斯、库克群岛、纽埃。

表 4.6 共建"一带一路"国家人均耕地面积及其与世界平均水平对比（2012—2018 年）

单位：公顷/人

项目	2012 年	2013 年	2014 年	2015 年	2016 年	2017 年	2018 年
共建"一带一路"国家	0.2156	0.2126	0.2103	0.2073	0.2055	0.2029	0.2006
世界	0.1948	0.1927	0.1905	0.1887	0.1870	0.1861	0.1840
高收入国家	0.2876	0.2852	0.2849	0.2827	0.2805	0.2801	0.2784
中高等收入国家	0.2049	0.2036	0.2017	0.2009	0.2001	0.2011	0.1997
中低等收入国家	0.1426	0.1403	0.1380	0.1364	0.1351	0.1338	0.1318
低收入国家	0.2436	0.2411	0.2359	0.2303	0.2253	0.2191	0.2138

注：数据来源于世界银行。限于数据可得性，表中共建"一带一路"国家不包括库克群岛、纽埃、南苏丹。

（二）资源

根据我们前期的研究发现，考虑到人口规模的情况下，共建"一带一路"国家的资源禀赋整体不高，化石能源资源虽然丰富，但仅集中分布在个别国家。[①] 根据 BP 世界能源统计数据，2019 年，共建"一带一路"国家的化石能源总产量达 73.95 亿吨油当量，占世界同期化石能源总产量的 64.64%。共建"一带一路"国家的化石能源总产量占世界比重常年稳定在 65% 左右的水平，是世界能源生产最重要的力量。其中，天然气产量占世界比重稳定在 60% 左右的水平；石油产量占世界比重更高，即使近年来有所下滑，但仍维持在 60% 以上的高水平；煤炭产量占世界比重最高，2019 年为 70% 左右[②]。从这几组数据来看，共建"一带一路"国家似乎资源禀赋优势巨大，但这种优势仅集中在几个化石能源资源非常丰富国家。2019 年，150 个国家中仅有 13 个国家化石能源产量超过 1 亿吨油当量，即中国、俄罗斯、沙特阿拉伯、伊朗、阿尔及利亚、阿联酋、哈萨克斯坦、卡塔尔、科威特、南非、尼日利亚、伊拉克、印度尼西亚。

[①]　对于共建"一带一路"国家资源禀赋的考察，我们主要关注了人均耕地面积、人均淡水资源量和人均化石能源产量三个指标，详见胡必亮、张坤领：《共建"一带一路"国家的综合发展水平测算与评估》，《学习与探索》2022 年第 3 期。

[②]　这主要是因为中国仍是目前世界上最大的煤炭生产国。如果不包括中国的话，2019 年共建"一带一路"国家的煤炭产量仅占世界的 22.97%。

13 国化石能源产量相加占共建"一带一路"国家的近 85%，占世界的近 55%。对于其余国家而言，并没有如此良好的资源条件。此外，也有印度尼西亚这样虽然化石能源总量大，但人口规模也大而导致人均资源量较低的国家。资源的匮乏会在原材料供给和资本积累方面成为工业化发展的限制。

(三)资本与基础设施

资本是发展中不可或缺的生产要素。发展中国家在工业化过程中尤其依赖资本的积累。根据佩恩世界表(Penn World Table)提供的数据计算①，2019 年共建"一带一路"国家资本存量均值为 2.2 万亿美元(2017 年不变价美元，下同)，低于 3.1 万亿美元的世界平均水平。② 同时，共建"一带一路"国家劳均资本存量均值为 18.2 万美元，也低于 22.5 万美元的世界平均水平。且随着共建"一带一路"国家人口的快速不断增加，劳动力数量的上升倾向于导致资本宽化的趋势。这将会降低资本使用效率和劳动生产效率，并对技术进步产生阻碍。

基础设施是社会先行资本，也是资本的一种表现形式，其对发展中国家工业化具有重要影响。根据世界银行数据库提供的物流绩效指数(Logistics Performance Index)中贸易和运输相

---

① 源数据可获取于佩恩世界表网站。

② 受数据可得性限制，共建"一带一路"国家均值是基于 131 个共建"一带一路"国家数据计算的；世界均值是基于 180 个国家计算的。

关基础设施的质量的评估[1]，2018 年共建"一带一路"国家基础设施质量评分均值为 2.56[2]，显著低于 2.72 的世界平均水平，与高收入国家平均评分的 3.48 更是有很大差距。此外，随着新一轮科技革命的孕育和兴起，全球科技创新进入密集活跃期，世界经济也正在向数字化、网络化、信息化、智能化方向转变。数字科技的强势崛起，促进了数字与产业的深度融合，改变着相关产业的生产、消费、分配等组织方式，在拓宽生产的内涵与空间、推动正向技术溢出、提高生产效率、降低交易成本等方面具有独特的竞争优势，并引领着新一轮工业化发展。因此，网络基础设施对一国或地区工业化发展的影响日益显著。而共建"一带一路"国家在网络基础设施建设方面也处于劣势地位。根据世界银行统计数据，2020 年共建"一带一路"国家每万人安全互联网服务器[3]数平均约为 70 个，而世界平均水平为 115 个，高收入国家平均水平则为 657 个。可以看出，无论是传统硬基础设施方面还是现代软基础设施方面，都会限制共建"一带一路"国家工业化的快速发展。

---

[1] 数据来源为物流绩效指数调查，该调查由世界银行联合学术机构、国际组织、私营企业以及国际物流从业人员共同完成。受访者按照从 1（很低）至 5（很高）打分来评价贸易和运输相关基础设施（如港口、铁路、公路、信息技术）的质量。数据包含年份为 2007、2010、2012、2014、2016、2018。作为参考，2018 年中国贸易和运输相关基础设施质量得分为 3.75，美国为 4.05。

[2] 基于 127 个国家的均值。

[3] 安全服务器是指在互联网交易过程中使用加密技术的服务器。

(四)技术与知识

工业化从表现上说是经济不断增长、收入不断提高的过程，但从更深层面说是生产效率不断提高、技术不断进步的过程。持续的经济发展需要工业化与技术进步形成相互促进的良性关系。高科技出口产品①一定程度上代表了一国或地区在科学技术创新方面的表现和高科技产品国际竞争力。基于世界银行数据库可获取的 2020 年 95 个共建"一带一路"国家高科技产品出口占制成品出口的比例数据，共建"一带一路"国家的该比例均值仅为 9.44%，远小于 22.21% 的世界平均水平，其中有 70 个国家的该比值低于 10%。这也从一个侧面反映出共建"一带一路"国家科技水平相对较低，难以支持其工业化发展。

当前经济学界已经在"技术内生"这一问题上形成了共识。人力资本与知识水平已经被认为是内生技术进步的主要影响因素。2020 年共建"一带一路"国家的人口平均预期寿命均值为 71.35 岁②，低于世界水平的 72.91 岁；2019 年平均受教育年限均值为 8.3 年，这一数值显然与以 OECD 国家为代表的高收入国家的 12 年有较大差距，且低于世界平均水平的 8.5 年。由此可见，共建"一带一路"国家人力资本领域的整体表现略低于世

---

① 高科技出口产品是指具有高研发强度的产品，例如航空航天、计算机、医药、科学仪器、电气机械。

② 限于数据可获取性，这一均值不包括多米尼加、库克群岛、纽埃。

界平均水平,因此,努力提高人力资本水平对其工业化发展具有深刻的现实意义。

(五)制度与政府治理

根据世界银行 WGI 数据库[①],2015—2019 年共建"一带一路"150 国的国家治理指标的平均值约为-0.5,低于同期世界各国国家治理指标的平均值。其中五年平均值小于 0 的国家高达 100 个,以亚洲和非洲国家居多,更有 22 个国家的治理指标平均值小于-1,属于治理水平较差的国家,以索马里(-2.04)和南苏丹(-2.11)为最差;国家治理指标平均值大于 0 的国家有 50 个,以欧洲国家为主,其中 7 个国家的治理指标平均值大于 1,分别是新西兰、卢森堡、新加坡、奥地利、爱沙尼亚、葡萄牙、马耳他。

世界银行最新公布的全球营商环境报告显示[②],2020 年共建"一带一路"国家的企业营商环境排名整体相对靠后,排名在世界 213 个经济体中 100 名之后的国家超过 90 个,并且有 13 个国家的企业营商环境排名在全球 200 名之外,这充分说明共建"一带一路"国家对企业开展经济活动的制度性保障整体上是不足的。从区域分布的情况来看,共建"一带一路"国家中欧

---

① 源数据可获取于世界银行网站。
② 源数据可获取于世界银行网站。

洲和亚洲国家的企业营商环境相对要好于非洲国家。

如何在这样整体的制度环境有待优化、国家治理水平和能力有待提高、企业营商环境相对较差的情况下推进工业化发展，对各国都是一个不容忽视的挑战。

(六)外贸与外资

在本章第二部分对共建"一带一路"国家出口贸易进行分析时，我们得出的基本结论是，虽然共建"一带一路"国家商品出口结构存在由初级产品向制造业商品转移的趋势，但这一趋势有转弱的势头，且制造业出口占世界的份额也是偏低的。同时从初级产品出口方面看，2020 年大多数国家商品出口仍然对初级产品具有很大依赖性，且这些国家初级产品出口占世界的份额是很低的。同时由于初级产品的较低需求收入弹性和需求价格弹性，意味着只有发达国家的人均收入保持高速增长或者初级产品价格大幅下降条件下，才能促进共建"一带一路"发展中国家初级产品的少许扩张。再加上初级产品的合成替代产品的出现及发达国家长期奉行的农业保护政策的影响，都削弱了发展中国家的农业竞争力。这说明共建"一带一路"国家不仅整体上处在国际贸易产业链的较低端，且仅靠初级产品出口很难满足这些国家实现工业化所需要的资本积累。在此情况下，外资对共建"一带一路"国家的工业化发展就变得格外重要。

官方发展援助是发达国家援助发展中国家的主要方式之一。进入 21 世纪以来，一些新兴市场国家也逐渐成为新兴的援助力量。根据世界银行数据，2019 年约有 110 个共建"一带一路"国家收到来自各方的官方发展援助，共计 1024.74 亿美元（现价美元），而这一援助规模相对于这些国家的经济规模是有限的，也无法满足其工业化发展的要求。相比之下，跨国公司的直接投资总量要大得多。2019 年，共建"一带一路"国家吸收外商直接投资存量为 8.98 万亿美元，是同期官方发展援助的近 90 倍。尽管外国直接投资并不完美，但由于拥有独特技术和知识溢出优势，其在发展中国家的作用是极其重要的。这也是越来越多发展中国家积极制定吸引外国直接投资政策的原因。

联合国贸易与发展会议的统计数据显示（见表 4.7），2020 年共建"一带一路"国家外商直接投资流入存量总量为 11.85 万亿美元（现价美元，下同），占世界比重低于 30%，且近年来这一比重有不断下降趋势。如果去除中国的话，2020 年其他共建"一带一路"国家外商直接投资流入存量总量为 9.93 万亿美元，占世界比重仅为 24.02%。这说明共建"一带一路"国家并不是跨国企业投资的主要目的地。相比之下，发达国家仍是跨国企业对外直接投资的主要目的地。其中北美洲外商直接投

表 4.7 共建"一带一路"国家外商直接投资存量及其占世界比重（含各洲数据，2015—2020 年）

单位：万亿美元

项目	2015 年	2016 年	2017 年	2018 年	2019 年	2020 年
共建"一带一路"国家	8.16 (30.75%)	8.64 (30.34%)	9.85 (29.69%)	10.03 (30.59%)	10.75 (29.56%)	11.85 (28.66%)
共建"一带一路"国家（不含中国）	6.94 (26.15%)	7.28 (25.58%)	8.36 (25.20%)	8.40 (25.63%)	8.98 (24.69%)	9.93 (24.02%)
非洲	0.80 (3.02%)	0.80 (2.81%)	0.87 (2.63%)	0.89 (2.72%)	0.94 (2.59%)	0.98 (2.37%)
北美洲	6.54 (24.66%)	7.41 (26.03%)	8.70 (26.24%)	8.18 (24.95%)	10.46 (28.76%)	11.90 (28.79%)
拉丁美洲和加勒比地区	1.68 (6.32%)	1.86 (6.52%)	2.05 (6.17%)	2.03 (6.19%)	2.26 (6.21%)	2.23 (5.40%)
亚洲	6.51 (24.56%)	6.93 (24.33%)	7.99 (24.09%)	8.28 (25.25%)	8.77 (24.11%)	9.26 (22.39%)
欧洲	10.33 (38.96%)	10.77 (37.84%)	12.75 (38.45%)	12.60 (38.43%)	13.10 (36.02%)	16.07 (38.85%)

续表

项目		2015 年	2016 年	2017 年	2018 年	2019 年	2020 年
大洋洲		0.66 (2.48%)	0.71 (2.48%)	0.80 (2.42%)	0.80 (2.46%)	0.84 (2.31%)	0.91 (2.21%)
世界		26.52	28.47	33.16	32.78	36.38	41.35

注：作者根据联合国贸易与发展会议（UNCTAD）提供数据制表，其中美元为现价美元。

资存量为 11. 90 万亿美元，占世界比重略超过共建"一带一路"国家，且近几年有不断上升趋势。考虑到北美洲国家数量较少，这一比重是较大的。欧洲外商直接投资存量达到 16. 07 万亿美元，占世界比重为 38. 85％，是世界上吸收外商直接投资最多的地区。因此，对于拥有世界人口超过 60％的共建"一带一路"国家来说，在吸引对外直接投资方面仍有巨大的提升空间。

第五章 | 共建"一带一路"与发展中国家工业化

发展中国家之间的平等合作已经成为促进发展中国家发展的有效模式。作为新型国际发展合作的"一带一路"倡议旨在促进世界各国共同繁荣，协助共建"一带一路"发展中国家工业化发展是其题中之义。在对共建"一带一路"国家工业化发展现状有较为充分了解的基础上，本章旨在讨论"一带一路"倡议能否以及如何通过新型国际发展合作模式和机制设计支持发展中国家的工业化发展。

一、基于共建"一带一路"的新型国际发展合作模式

（一）传统国际发展合作缘何收效甚微

第二次世界大战以来，经济全球化得到前所未有的发展。而经济全球化在带来全球经济普遍增长的同时，也拉大了发达国家和发展中国家之间的差距，只有极个别发展中经济体迈入了发达行列。世界经济发展和科技进步带来的红利无法在全人类内得到共享，以南北差距为代表的不发达国家与发达国家的发展差距、贫富差距并没有明显改善，贫困问题依然严峻。世界银行统计数据显示，联合国所列的 46 个世界上最不发达国家 GDP 总量世界占比仅从 1980 年的 1％ 上升到 2020 年的 1.3％，增长速度极其缓慢。如果国际发展合作可以通过更有效的资源配置和溢出效应促进发展中国家经济增长的话，那么，缘何传统的发展合作收效甚微呢？这里我们可以简单把传统国际发展合作分为三类进行简要分析。

第一，贸易合作。比较优势理论是国际贸易发展的理论基石。该理论认为国际贸易的基础是生产技术的相对差别（而非绝对差别），以及由此产生的相对成本的差别。每个国家都应根据

"两利相权取其重，两弊相权取其轻"的原则，集中生产并出口其具有"比较优势"的产品，进口其具有"比较劣势"的产品。但如前文所论述，发展中国家事实上在国际贸易中长期处于不利地位。这是因为发展中国家往往在初级产品生产上具有比较优势，其商品出口也倾向于以初级产品为主；发达国家则由于其充裕的人力和物质资本，倾向于在制造业产品生产上具有比较优势，其商品出口则以工业制成品为主。由于初级产品的需求收入弹性和需求价格弹性较小，而工业制成品需求弹性相对较大，因此造成初级产品对制成品的价格比有不断下降趋势，也即发展中国家对发达国家的贸易条件存在趋于恶化，以致对其工业化发展构成威胁。

第二，对外直接投资合作。一方面，发达国家跨国公司对发展中国家的直接投资是偏低的。国际投资理论普遍认为，东道国较好的制度环境被视为区位优势，能够为跨国公司投资提供更稳定的发展环境、更公平的竞争机会、较好的产权保护等，而较低的东道国制度质量则意味着较高的交易成本和经营风险。基于此，对外直接投资倾向于流入制度质量较高的东道国，对发展中国家的直接投资也偏向制度质量相对较高的国家。而多数发展中国家制度质量不具备相对优势，因此吸引了更少的外商直接投资。在第四章中我们看到，2020年抛去中国的其他共建"一带一路"国家外商直接投资流入存量仅占世界总存量的

25％以下。另一方面，跨国公司发展与东道国经济发展利益可能存在不一致性。尽管发达国家跨国公司会给发展中国家带来资本，但也可能通过与东道国政府签订排他性生产协议，要求过度保护、税收减免、投资补贴等以控制东道国市场，对东道国本地企业家投资和发展产生挤出效应，对东道国长期发展不利。

第三，发展援助和优惠贷款。第二次世界大战以来，除了美国主导的对欧洲国家进行经济援助、协助重建的马歇尔计划（The Marshall Plan）或欧洲复兴计划（European Recovery Program）取得了一定成功外，发达国家对发展中国家的官方发展援助总体上对减少贫困帮助较大，而对经济发展的推动是收效甚微的。首先，发达国家的发展援助在发展中国家的国际发展合作（包括外贸、对外直接投资和发展援助）资金构成的重要性越来越低。其次，官方发展援助资金的分配存在不合理性。世界上20％的最不发达国家对发展援助的需求是最大的，但这些国家所收到的发展援助金额仅占到国际发展援助总金额的2％～5％。[1] 从2019年的数据看，共建"一带一路"国家中人均受援金额最大的国家是汤加，达到1033美元（现价美元），而人均收入水平更低的安哥拉的人均受援金额仅为1.5美元。最后，

---

[1] Qian N, "Making Progress on Foreign Aid," *Annual Review of Economics*, no. 1(2015).

虽然发展援助的有效性一定程度上取决于受援国制度质量，但如我们前文所讲，发展援助与优惠贷款的制度性附加条款并不一定适合发展中国家的具体国情。

这一系列的问题使得传统国际发展合作模式的收效大打折扣，即便是发达国家努力对相关发展合作和援助进行改革，但有效性方面并没有明显提升。因此，广大发展中国家对新型国际发展合作模式的需求不断得到强化，而基于实践的发展中国家之间的合作取得了良好实效，共建"一带一路"便是其集中体现。

(二)共建"一带一路"对国际发展合作的新发展

"一带一路"倡议虽然是中国提出的，但却是国际社会所需要的，尤其是对于广大发展中国家而言。共建"一带一路"发展和补充了传统的国际发展合作模式，我们认为至少体现在以下几个方面。

第一，尤其注重对发展中国家的直接投资。根据商务部《2020年中国对外直接投资统计公报》，中国对外直接投资存量的近九成分布在发展中经济体和转型经济体，亚洲、拉丁美洲和非洲地区国家得到中国跨国企业的广泛投资，而在发达经济体投资存量仅占10%左右。而这些发展中国家多数是对传统发达国家跨国公司来说投资吸引力偏低的经济体。中国的直接投资将有利于这些国家的工业化资本形成（第二部分将详细分析），可以弥补发达国家跨国企业对发展中国家投资不足的问题。

第二，尤其注重基础设施投资和建设。中国的发展经验深刻阐释了基础设施建设对发展中国家工业化的关键作用。联合国的《2030 可持续发展议程》将"发展安全可靠、低廉普惠、可持续的区域和跨境基础设施"作为建设包容与可持续工业化的首要目标。而基础设施建设投资由于其周期长、风险高等特点，对于传统发达国家跨国公司来讲是不具有吸引力的。共建"一带一路"以跨境基础设施建设作为先行领域，符合其他发展中国家的工业化需求。

第三，"共商共建共享"的原则。治理赤字是当今国际经济治理体系面临的巨大挑战。首先，以中国为代表的新兴市场国家的快速发展和崛起使得现行全球治理秩序中诸多不平等、不公平问题日益暴露。其次，由于现行全球治理秩序存在的"机会不均"问题，加上国际疫情反复冲击，发达国家与发展中国家的发展差异逐渐拉大，财富分配不均日益加剧，最终深化了全球发展的不平衡问题。最后，传统以资本为主导的经济全球化思维忽略了包括公共卫生、公共安全、公共环境等问题，导致了全球治理在应对人类共同挑战时的缺失和无效。这都对现有的全球治理秩序提出了新的适应性变革的要求。"一带一路"倡议的"共商共建共享"原则认为国际治理中发展中国家要有平等的话语权、平等的发展机会、平等地分享发展成果的机会，这与全球治理变革的方向和经济全球化转型的方向具有很高的一致性。

第四，注重政府的作用。传统的国际发展合作倾向于仅关注市场的作用，而政府对跨国企业的贸易和投资行为干预较少。2008 年国际金融危机以来，新自由主义的影响日益减弱，政府的力量和产业政策在经济发展中的作用重新受到重视。中国的发展经验认为，有为政府是工业化发展的必要条件之一。因此，共建"一带一路"尤其强调"政策沟通"在其中的作用。在"一带一路"建设实践中，一方面，国有企业在项目投资和建设中发挥着重要作用；另一方面，政府间的合作被摆在了突出位置，其中包括了科技合作、教育合作、投资与贸易促进等多个方面。

第五，共建"一带一路"是系统性开放的发展合作而非单方面的发展援助。这里"系统性开放的发展合作"是指共建"一带一路"所包含的发展合作内容是方方面面的。它包括了政策沟通、设施联通、贸易畅通、资金融通、民心相通的共建举措，包括了"创新丝绸之路""绿色丝绸之路""数字丝绸之路"等的共建方向。各发展中国家可以根据自身比较优势和发展需求选择相关合作的内容和项目，促进其工业化和经济发展。而"非单方面的发展援助"是指中国与其他共建"一带一路"国家各取所需、平等合作，不附加不符合相关国家发展实际的条款。这也意味着中国推进"一带一路"建设不是旨在输出社会制度和发展模式，而是尊重相关发展中国家发展实际，支持其探索适合自身国情的工业化道路。

二、共建"一带一路"如何促进发展中国家工业化发展

结合我们对发展中国家工业化基础理论的分析与共建"一带一路"对国际发展合作的新发展的探讨，我们认为"一带一路"倡议可以在农业生产效率提升、基础设施建设、资本形成、贸易促进、非农就业促进、技术与人力资本提升方面帮助发展中国家的工业化发展。

（一）共建"一带一路"与农业生产效率提升

在第三章中我们了解到，共建"一带一路"国家农业生产效率偏低，其重要原因可能是农业技术进步较慢。这将会制约其工业化发展，并反过来制约工业生产效率的提高，进而导致相关国家的饥饿和贫困问题，对粮食安全构成威胁。共建"一带一路"可以至少从三个方面促进相关国家农业生产效率的提升。

一是农产品贸易。共建"一带一路"国家在农业资源、市场等方面具有较强的互补性。例如，中亚地区国家、蒙古国等畜牧业基础较好，而生鲜蔬菜、水果和水产品相对短缺，积极开

展相关农产品方面的贸易合作，能够使中国与"一带一路"相关国家实现优势互补。2020年，中国农产品贸易总额为2468亿美元，其中与其他共建"一带一路"国家农产品贸易总额为958亿美元，占比39%[①]，有较大发展潜力。农产品贸易有助于扩大双方潜在农业市场，深化农业分工合作，并通过技术溢出效应和资源再配置效应提高农业生产效率。

二是农业投资。到2021年年底，中国已与86个共建"一带一路"国家签署了农业合作协议，在共建国家投资农业项目820多个，投资存量超过170亿美元。[②] 农业发展落后国家对农田基础设施建设、农业生产、农产品加工、仓储、物流和运输都有巨大的投资需求，而中国的农业对外直接投资一方面有助于"一带一路"相关国家解决农业投资不足问题，打破恶性循环的链条；另一方面会产生正向的技术和知识溢出效应，促进相关国家农业生产效率的提高。尤其是以境外农业合作示范区为平台的对外直接投资，将有助于相关国家构建起农业的全产业链，推动当地农业发展。

三是农业技术帮扶与合作。2017年农业部、国家发改委等部门发布的《共同推进"一带一路"建设农业合作的愿景与行动》

[①] 数据转引自高云才：《推动农业合作 共享发展成果》，《人民日报》2021年11月25日第6版。

[②] 数据转引自高云才：《推动农业合作 共享发展成果》，《人民日报》2021年11月25日第6版。

中指出，要"突出科技合作的先导地位，多渠道加强沿线国家间知识分享、技术转移、信息沟通和人员交流"。包括非洲和亚洲地区国家在内的一些发展中国家，农业基础设施和技术发展相对落后，良种和农技推广方面也相对滞后，而中国在农业科技、机械化水平和水利设施建设等方面具有相对优势。通过农业技术援助、农业人才培训、基础设施援建等措施，可以帮助共建"一带一路"发展中国家提高农业生产率。①

(二)共建"一带一路"与基础设施建设

基础设施是许多发展中国家工业化所面临的瓶颈，尤其是对于资本匮乏的国家来说。共建"一带一路"的目的是聚焦互联互通，其中基础设施建设是"互联互通"的基石。② 因此，共建"一带一路"也以基础设施建设为优先领域，其也是"设施联通"的着力点所在。如此一来，中国对其他共建"一带一路"国家的基础设施投资和建设将在缓解资本匮乏问题的同时，推动相关发展中国家工业化发展。

首先，中国在其他共建"一带一路"国家投资和建设的包括

①　龚斌磊：《中国与"一带一路"国家农业合作实现途径》，《中国农村经济》2019年第10期。
②　习近平在第二届"一带一路"国际合作高峰论坛开幕式上的主旨演讲（2019年4月26日），http://www.gov.cn/xinwen/2019-04/26/content_5386544.htm，访问日期：2022-10-18。

水、电在内的能源基础设施也可以为相关国家工业化发展提供支持，如中巴经济走廊中的卡西姆港燃煤电站自 2018 年 4 月进入商业运营以来，发电量约占巴基斯坦国家电网供电量的 10％，大大缓解了巴基斯坦当地因电力短缺造成的发展瓶颈。① 其次，交通基础设施可以显著降低国内和国际贸易成本。世界银行 2020 年发布的题为《从"陆锁国"到"陆联国"——解锁中老铁路联通性的潜力》的研究报告②认为，中老铁路不仅能够大幅降低（30％～40％）昆明和万象之间的运输成本，而且能够降低老挝国内贸易以及中国与东盟国家贸易的运输成本。最后，基础设施建设可以为当地提供更多就业机会。例如，中国能建投资建设的巴基斯坦 SK 水电站项目，目前共有中方员工 1000 余人，当地员工近 6000 人，为当地经济社会发展注入了活力。根据预测，中巴经济走廊下属的道路基础设施项目将创造 51000 个就业机会，其中有超过 94％的岗位将提供给巴基斯坦本地人。所有中巴合资项目将创造 120 万个就业机会，其中 33％以上将只对巴基斯坦人开放。

中国全球投资追踪（China Global Investment Tracker，CGIT）数据库显示，2013—2021 年中国对其他共建"一带一路"国家的基础设施投资和建设项目累计达到 1091 项，分布在

---

① 胡慧茵：《中巴经济走廊这九年："一带一路"标志性工程逐步完善》，https://www.yidaiyilu.gov.cn/xwzx/hwxw/236159.htm，访问日期：2022-05-11。

② 可获取于世界银行网站。

100个共建国家，累计总金额达到 6135.1 亿美元（见表 5.1）。如果顺利开展，将有利于缓解许多发展中国家的基础设施建设压力，并通过技术溢出、贸易的物流和时间成本降低、经济主体间竞争强化、区域一体化发展、就业和产出促进、跨国投资吸引等方面助力其工业化发展。

(三)共建"一带一路"与资本形成

资本匮乏是发展中国家工业化发展所面临的普遍问题。而仅靠本国的积累以及以初级产品出口为主的国际贸易很难满足发展中国家工业化的资本积累要求。如此一来，借助外部力量以促进资本形成就变得十分重要。但在第四章中我们了解到，共建"一带一路"国家面临着官方发展援助不足和对外直接投资吸引力不足的问题。而旨在促进投资便利化、拓展投资领域的"一带一路"倡议为相关发展中国家借助外部力量促进资本形成提供了新机遇。

2013年"一带一路"倡议提出后，中国对外直接投资（Outward Foreign Direct Investment，OFDI）进入加速发展期。2015年，中国首次成为资本净输出国；2016年，中国 OFDI 流量首次超过全球总额的 10%。根据联合国贸易和发展会议《2021年世界投资报告》公布数据测算，2020年中国对外直接投资流量首次跃居第一位，规模达到 1537 亿美元，较 2019 年

表5.1 中国在共建"一带一路"国家基础设施投资与建设项目统计 (2013—2020)

国家	累计数	累计金额/亿美元	国家	累计数	累计金额/亿美元
巴基斯坦	63	510.5	希腊	7	33.1
俄罗斯	29	271.5	乌克兰	10	32.3
印度尼西亚	44	266.8	卢森堡	4	29.2
尼日利亚	29	248.8	南苏丹	4	28.1
沙特阿拉伯	41	219.4	尼泊尔	12	24.3
新加坡	45	216.7	乌兹别克斯坦	8	24.2
阿联酋	36	211.4	波兰	9	24.0
老挝	30	210.7	南非	4	23.4
孟加拉国	41	203.4	巴布亚新几内亚	7	22.6
马来西亚	29	187.1	苏丹	2	21.5
伊拉克	28	154.5	牙买加	4	21.2
意大利	9	147.7	刚果（金）	7	20.7
阿根廷	17	131.7	巴拿马	5	20.6

国家	累计数	累计金额/亿美元	国家	累计数	累计金额/亿美元
越南	25	128.4	马达加斯加	4	17.9
哈萨克斯坦	17	125.4	贝宁	4	16.0
塞尔维亚	18	121.3	马里	2	15.7
秘鲁	12	113.0	波斯尼亚	7	15.2
安哥拉	19	109.2	吉布提	3	14.8
柬埔寨	20	102.5	赤道几内亚	5	12.7
埃及	12	101.7	摩洛哥	4	12.3
菲律宾	17	92.2	黑山	2	12.2
伊朗	12	91.5	匈牙利	2	11.5
埃塞俄比亚	22	85.8	圣多美	3	9.5
委内瑞拉	9	82.8	白俄罗斯	4	9.4
赞比亚	18	82.5	格鲁吉亚	5	9.4
智利	8	81.2	新西兰	2	9.3
土耳其	9	75.6	韩国	3	9.1

续表

国家	累计数	累计金额/亿美元	国家	累计数	累计金额/亿美元
坦桑尼亚	16	75.4	塞拉利昂	2	8.7
莫桑比克	6	67.4	马尔代夫	4	8.0
津巴布韦	14	67.1	斯洛文尼亚	1	7.9
泰国	25	66.6	卢旺达	4	7.8
加纳	17	66.4	东帝汶	2	7.8
科威特	13	59.8	克罗地亚	3	6.9
肯尼亚	24	58.0	纳米比亚	2	6.6
几内亚	7	57.3	摩尔多瓦	2	5.6
阿尔及利亚	10	57.2	厄立特里亚	2	5.0
乌干达	10	55.0	马其顿	2	4.9
斯里兰卡	14	50.5	哥斯达黎加	1	4.7
以色列	7	45.7	特立尼达－多巴哥	3	4.4
科特迪瓦	10	44.2	阿塞拜疆	1	2.7
缅甸	10	43.9	安提瓜和巴布达	1	2.6

续表

国家	累计数	累计金额/亿美元	国家	累计数	累计金额/亿美元
刚果	6	42.5	斐济	2	2.5
吉尔吉斯斯坦	7	41.9	古巴	2	2.4
塞内加尔	6	41.8	阿富汗	1	2.1
喀麦隆	9	40.5	博茨瓦纳	2	2.0
文莱	3	39.7	塞浦路斯	1	1.7
玻利维亚	13	38.9	保加利亚	1	1.3
卡塔尔	8	35.7	巴巴多斯	1	1.2
厄瓜多尔	11	33.6	拉脱维亚	1	1.1
蒙古国	11	33.6	莱索托	1	1.0

注：作者根据据 CGIT 数据库提供的数据计算，其中基础设施为金额在 1 亿美元以上的物流、交通、能源、公共事业设施类投资与建设项目。

增长 12.3％。2020 年年末，对外直接投资存量近 2.6 万亿美元，位居世界第三，成为全球主要的投资力量和资本来源国。从表 5.2 中可以看到，近年来中国对其他共建"一带一路"国家直接投资存量稳步增长，并于 2020 年达到 2792.21 亿美元。从区域分布上来看，中国对其他共建"一带一路"国家的投资主要分布在亚洲国家，其次为非洲国家。2020 年，中国对亚洲地区的共建国家投资显著下降，而下降的部分则流入拉丁美洲地区的共建国家之中。2020 年，中国对拉丁美洲地区的共建国家投资存量占比迅速攀升至 18.81％的水平。

此外还应看到，当前其他共建"一带一路"国家并非中国对外直接投资的主要目的地，2020 年中国对其他共建"一带一路"国家的直接投资存量仅占到中国对外直接投资总量的 10.82％；且中国也并非其他共建"一带一路"国家的主要外商直接投资来源国，2020 年中国对其他共建"一带一路"国家的直接投资存量仅占到其所吸收外商直接投资存量的 2.81％。但从绝对规模上看，中国对其他共建"一带一路"国家的直接投资存量是不断攀升的，且预计随着"一带一路"倡议的推进还会不断增长。

资金融通是"一带一路"倡议的主要举措之一。金融部门也为在共建"一带一路"国家的项目推进提供大量的投融资支持，这些部门包括中国单边金融机构如中国进出口银行、国家开发

表 5.2 中国对其他共建"一带一路"国家直接投资存量情况（2015—2020 年）

单位：亿美元

项目	2015 年	2016 年	2017 年	2018 年	2019 年	2020 年
中国对其他共建"一带一路"国家直接投资存量	1698.28	1899.10	2263.86	2503.93	2560.74	2792.21
其中：亚洲	974.21	1094.45	1339.98	1517.33	1612.77	1171.24
	(57.36%)	(57.63%)	(59.19%)	(60.60%)	(62.98%)	(41.95%)
欧洲	263.49	269.62	341.12	363.50	343.99	491.09
	(15.52%)	(14.20%)	(15.07%)	(14.52%)	(13.43%)	(17.59%)
拉丁美洲	88.13	99.88	104.25	115.60	118.72	525.25
	(5.19%)	(5.26%)	(4.60%)	(4.62%)	(4.64%)	(18.81%)
非洲	335.98	387.01	423.36	451.06	430.99	529.10
	(19.78%)	(20.38%)	(18.70%)	(18.01%)	(16.83%)	(18.95%)
大洋洲	36.46	48.12	55.15	56.44	54.28	75.52
	(2.15%)	(2.53%)	(2.44%)	(2.25%)	(2.12%)	(2.70%)
中国对外直接投资总存量	10978.65	13573.9	18090.37	19822.66	21988.81	25806.58
其中：对其他共建"一带一路"国家直接投资存量占比	(15.47%)	(13.99%)	(12.51%)	(12.63%)	(11.65%)	(10.82%)

续表

项目	2015 年	2016 年	2017 年	2018 年	2019 年	2020 年
共建"一带一路"国家（不含中国）吸收外商直接投资总存量	69368.88	72816.46	83572.92	84015.06	89825.04	99336.41
其中：中国直接投资存量占比	(2.45%)	(2.61%)	(2.71%)	(2.98%)	(2.85%)	(2.81%)

注：作者根据联合国贸易与发展会议（UNCTAD）数据库和 CEIC 数据库提供数据制表。限于数据可得性，表中的共建"一带一路"国家数据不包括索马里和纽埃。

银行、商业性银行等，也包括双边和多边金融机构如亚洲基础设施投资银行等。截至目前，亚投行成员已达到 104 个，捐赠金额达到近 1000 亿美元，批准项目 176 个，总金额达到 349.1 亿美元，涉及发展中国家的能源、交通、通信、农业、公共卫生、水资源等基建领域。① 此外，中国还发起设立了多只对外投融资基金，如丝路基金、中拉产能合作投资基金、中非产能合作基金、中国-欧亚经济合作基金等，这些都可以为共建"一带一路"国家工业化发展提供资金支持，缓解其资本形成不足的压力。

(四)共建"一带一路"与贸易促进

在第二章我们了解到，无论从需求、供给，还是生产效率的角度讲，适度的贸易开放都是发展中国家工业化必不可少的一环。共建"一带一路"对相关国家贸易促进效应至少体现在以下两个方面。②

第一，"一带一路"基础设施改善可以降低贸易成本，提高贸易效率。物流时间和物流成本是货物贸易需要面临的两大取舍。据估计，货物每延迟一天抵达消费者手中，就会减少约 1% 贸易量。以往中国到欧洲的货物运输以海运为主，运输时间约需 30 天，但中欧班列的开通与运行使得运输时间缩短一半，这

---

① 见亚洲基础设施投资银行官方网站信息。
② 郑雪平：《高质量共建一带一路促进全球贸易繁荣》，《中国社会科学报》2022 年 2 月 14 日第 7 版。

将大幅提高中欧沿线贸易效率。根据世界银行 2019 年发布的题为《"一带一路"经济学：交通走廊的机遇与风险》的研究报告[①]，"一带一路"相关国家所面临的基础设施不足，导致其贸易低于潜力水平的 30％，外国直接投资低于潜力水平的 70％。而"一带一路"交通走廊的建成将在缩短交通运输时间，增加贸易与投资方面有所助益，且这种益处不仅限于"一带一路"倡议参与国家和地区。据估计，"一带一路"相关国家的交通运输时间可最多缩短 12％，世界其他地区的交通运输时间将平均缩短 3％；贸易方面，"一带一路"相关国家的贸易增幅将在 2.8％至 9.7％之间，世界贸易增幅将在 1.7％至 6.2％之间；投资方面，由于交通互联互通，低收入国家的外国直接投资有望大幅增加 7.6％；收入方面，大多数"一带一路"相关国家实际收入增幅最高可达 3.4％，且有助于 760 万人口摆脱极端贫困（日均收入低于 1.90 美元）和 3200 万人口摆脱中度贫穷（日均收入低于 3.2 美元）。

第二，共建"一带一路"通过政策沟通举措，有助于促进共建国家贸易开放和消除贸易壁垒，提高贸易便利化水平。降低贸易壁垒可以减少资源浪费，降低贸易公司的成本，能使消费者和企业以更低的价格获得产品或服务。而如果壁垒过高，相关国家就可能失去在生产要素成本方面的竞争优势。2013 年世界经济论坛发布的题为《促进贸易：把握增长机遇》的报告指出，

———————————

① 可获取于世界银行网站。

如果世界各国都能降低供应链壁垒而达到全球最佳实践水平的一半，全球 GDP 就可以增长 4.7％，世界贸易可以增加 14.5％，且降低供应链壁垒对于全球 GDP 增长的贡献率要比取消所有进口关税高出六倍。即便采取较为保守的改革措施而使各国达到区域最佳实践水平的一半，全球 GDP 仍可以增长 2.6％，世界贸易量可以增加 9.4％。这对于撒哈拉以南非洲地区和东南亚地区的发展中经济体尤为有利。[①] 世界银行发布的《"一带一路"经济学：交通走廊的机遇与风险》报告认为，"一带一路"相关国家，尤其是撒哈拉以南的非洲地区，无论在边境延误时间、平均关税水平还是在非关税壁垒方面，都显著高于七国集团和 OECD 国家水平。这无疑是共建"一带一路"国家贸易开放和发展的巨大障碍。2017 年，中国发起了《推进"一带一路"贸易畅通合作倡议》，旨在"推动更具活力、更加包容、更可持续的经济全球化，促进贸易投资自由化和便利化，抵制保护主义，推进'一带一路'贸易畅通合作，实现合作共赢"，得到了广泛响应。共建"一带一路"可以通过签署避免双重征税协议、商建贸易畅通工作组、贸易救济合作机制、电子商务合作机制，设立"一带一路"海关信息交换和共享平台，构建辐射"一带一路"面向全球的自贸区网络等措施，降低与共建国家间的贸易壁

①　数据来源：*Enabling Trade Valuing Growth Opportunities*，2013。可获取于世界经济论坛网站。

垒，推动贸易便利化水平的提高。当前在贸易畅通方面已经构成了包括多边区域和经济走廊合作[如区域全面经济伙伴关系协定（RCEP）等]、双边贸易合作（如自由贸易协定等）、海外经贸产业园区、国际博览会等多元贸易合作机制。

　　从表5.3中可以看到，近年来中国与其他共建"一带一路"国家商品贸易额稳步增长，尤其是2021年增长显著，达到2.54万亿美元的水平。从区域分布上来看，中国与其他共建"一带一路"国家的商品贸易主要集中在亚洲国家，常年稳定在66％以上的水平。与非洲共建国家的商品贸易占比约为10％左右，但有一定下降趋势，而这一下降的部分被欧洲的共建国家所替代。2020年中国与欧洲共建国家商品贸易占比上升到16.17％。中国与拉丁美洲共建国家的商品贸易稳定在6％以上的水平。

　　此外，当前其他共建"一带一路"国家已经是中国的主要商品贸易伙伴，2021年中国与其他共建"一带一路"国家的商品贸易额占到中国与世界各国商品贸易总额的43％以上，且这一比值近年来存在一定的上升趋势。中国也是其他共建"一带一路"国家的主要贸易伙伴之一，2020年中国一国与其他共建"一带一路"国家的商品贸易额占到其他共建"一带一路"国家与世界各国总商品贸易总额的16.88％，且这一比重近年来稳步提高。可以预计，随着"一带一路"倡议贸易畅通举措的推进，这一比重还会持续增长。

表 5.3 中国与其他共建"一带一路"国家商品贸易情况(2015—2021 年)

单位：万亿美元

项目	2015 年	2016 年	2017 年	2018 年	2019 年	2020 年	2021 年
中国与其他共建"一带一路"国家贸易总额	**1.52**	**1.43**	**1.62**	**1.87**	**1.92**	**1.92**	**2.54**
其中：亚洲	1.03 (67.66%)	0.98 (68.02%)	1.09 (67.47%)	1.25 (66.72%)	1.28 (66.49%)	1.29 (67.12%)	1.68 (66.20%)
非洲	0.18 (11.50%)	0.15 (10.38%)	0.17 (10.36%)	0.20 (10.75%)	0.20 (10.65%)	0.18 (9.61%)	0.25 (9.86%)
拉丁美洲	0.10 (6.64%)	0.09 (6.34%)	0.10 (6.43%)	0.12 (6.18%)	0.12 (6.12%)	0.11 (5.99%)	0.17 (6.58%)
欧洲	0.20 (13.19%)	0.20 (14.18%)	0.24 (14.59%)	0.28 (15.18%)	0.30 (15.54%)	0.31 (16.11%)	0.41 (16.17%)
大洋洲	0.02 (1.02%)	0.02 (1.08%)	0.02 (1.15%)	0.02 (1.17%)	0.02 (1.21%)	0.02 (1.17%)	0.03 (1.18%)
中国与世界贸易总额	3.82	3.59	3.99	4.49	4.44	4.53	5.89

续表

项目	2015 年	2016 年	2017 年	2018 年	2019 年	2020 年	2021 年
其中:中国与其他共建国家贸易占中国总贸易比重	(39.93%)	(39.89%)	(40.61%)	(41.65%)	(43.36%)	(42.37%)	(43.10%)
共建"一带一路"国家(不含中国)总贸易额	10.69	10.26	11.68	13.07	12.61	11.37	—
其中:中国与共建国家贸易占后者(不含中国)总贸易比重	(14.26%)	(13.98%)	(13.88%)	(14.30%)	(15.25%)	(16.88%)	—

注:作者根据世界银行和 CEIC 数据库提供数据计算。限于数据可得性,表中的共建"一带一路"国家数据不包括库克群岛、南苏丹、索马里和纽埃。

(五)共建"一带一路"与非农就业

农业生产效率的提高和工业化的推进都需要农业劳动力从农村向城市的不断转移,以发挥发展中国家劳动力资源的再配置效应。与此同时,发展中国家城镇化水平的提高,将从需求侧和供给侧为进一步工业化提供支撑。"惠民生"是共建"一带一路"的主要目标之一,"一带一路"建设所包括的基础设施建设和相关投资项目均可以为共建"一带一路"国家提供非农就业机会,促进相关国家的农业劳动力转移和城镇化发展,进而助力其工业化进程。Chandra 等人的研究认为,中国经济不断从劳动密集型产业向资本和技术密集型产业转移,将给发展中国家带来工业化机遇。具体来说,中国的产业转移减少 10% 的制造业就业,将提高低收入发展中国家 850 万个就业机会。[1]

当前,还没有系统的"一带一路"建设所带来的就业相关数据,但许多案例对共建"一带一路"的就业提升效应提供了资料支持。例如,截至 2021 年年底,中国在南非的企业已有 200 多家,为当地创造逾 40 万个就业岗位;中国-白俄罗斯巨石工业园计划吸引超过 200 家高新技术企业入驻,预计就业人口超过12 万,并建成一座总人口达 20 万的国际化空港新城。2019 年

---

[1] Chandra V, Lin J Y and Wang Y, "Leading Dragon Phenomenon: New Opportunities for Catch-up in Low-income Countries," *Asian Development Review*, no. 1(2013).

年初,已有 43 家企业入驻园区,协议投资总额达 11 亿美元。除中国和白俄罗斯企业外,还包括来自 5 个国家的 7 家企业入驻园区。园区开发公司重视使用当地员工,目前普通员工本地化率已达 85%,中层员工本地化率已达 50%。中白工业园累计为当地提供超过 5000 个就业岗位。肯尼亚中国经贸协会发布的《2018 年肯尼亚中资企业社会责任报告》显示,在肯尼亚的中国公司,员工本土化率达 96%,这些公司 2018 年为当地创造了超过 5 万个就业岗位,并为约 6.7 万名当地员工提供了职业培训;中国土木工程集团有限公司承建的埃塞俄比亚阿瓦萨工业园,2016 年落成以来致力于打造成持续发展的纺织服装产业园,被称为"埃塞工业化的里程碑"。2019 年已经吸引 21 家国际公司入驻并租用 52 栋现代化标准厂房,工业园的全面运营将创造约 6 万个就业岗位,实现吸引外资、促进技术转让、带动经济发展的目的。作为中国首批境外经贸合作区之一以及中泰"一带一路"产能合作的重要载体,罗勇工业园 2020 年已吸引了 150 多家企业入驻,创造 3 万多个就业岗位,累计实现工业产值逾 160 亿美元。据预测,从 2015 年到 2030 年,中巴经济走廊将总共创造 230 万个就业岗位,为巴基斯坦 GDP 带来每年 2.5% 以上的增长。[①] 这样的就业创造能力将有助于推动共建"一带一路"发展中国家经济和城乡结构转型。

---

① 相关数据根据中国一带一路网提供的资料整理。

(六)共建"一带一路"与技术和人力资本提升

技术创新与工业化往往相伴相生。而仅依靠发展中国家自身的力量很难满足工业化所需要的技术进步。虽然同为发展中国家，但相对于共建"一带一路"很多发展中国家来讲，中国在工业技术和知识方面具有比较优势。共建"一带一路"的方向之一是要构建"创新之路"。我们认为，该倡议的实施与推进可以在以下三个方面对相关发展中国家工业化发展产生技术和知识的溢出效应。

一是中国对外直接投资。一方面，随着中国跨国企业对其他共建"一带一路"国家直接投资的增加，一部分资本可以直接当作资本投资增加，另一部分也转化为共建东道国的研发资本，为技术进步提供资金支持。另一方面，按照跨国投资相关理论，外商直接投资同时存在横向和纵向技术溢出效应。横向技术溢出效应又被称为产业内的技术溢出效应。由于比较优势的存在，中国跨国企业对外直接投资具有一定的所有权优势。而共建东道国的同行业企业可以通过示范学习、竞争、人才流动等机制学习中国的技术和知识，实现人力资本的提高以及技术的转移和扩散，推动共建东道国同类行业的技术进步。纵向溢出效应又被称为产业间的技术溢出效应，是指中国跨国企业为了降低相关成本而愿意帮助上下游关联企业提高技术水平。尤其是通过与"一带一路"相关国家共建经贸合作园区，更加有利于东道国利用中国的资金、技术、设备、市场等要素。目前，中国在海外建立的比较重要的境外经贸合作区已有 100 多个，这些产业合作园区的建设既为中国与相关国家的产业合作提供了重要平台，也为中国跨国企业向相关东道国的技术和知识溢出提供了重要平台。

二是科技合作。2017 年 5 月，习近平主席在首届"一带一路"国际合作高峰论坛开幕式上提出，要启动共建"一带一路"科技创新行动计划，在科技人文交流、共建联合实验室、科技园区合作、技术转移四方面开展合作，共同迎接新一轮科技革命和产业变革，推动创新之路建设。共建"一带一路"科技创新行动计划的实施，不仅有利于充分发挥科技创新在"一带一路"建设中的支撑引领作用，推动共建"一带一路"高质量发展，也有利于相关共建国家充分利用知识溢出效应，实现技术进步。截至 2021 年年底，中国已和 84 个共建"一带一路"国家建立科技合作关系，支持联合研究项目 1118 项，在农业、新能源、卫生健康等领域启动建设 53 家联合实验室。先后启动了中国-东盟、中国-南亚等科技伙伴计划，与东盟、南亚、阿拉伯、中亚、中东欧等地区国家共建了多个区域技术转移平台，并发起成立了"一带一路"国际科学组织联盟，组织青年科学家来华短期科研和接受技术培训，与"一带一路"相关国家开展了多层次的科技交流与合作。

三是教育。教育是推动共建"一带一路"过程中"民心相通"的重要内容，是知识和技术扩散的主要手段之一，能够为共建"一带一路"国家人力资本提升和技术进步提供支持。2016 年7 月，教育部印发的《推进共建"一带一路"教育行动》中提出，推动建立教育双边多边合作机制。根据教育部《2018 年来华留学生简明统计》提供的数据，2018 年其他共建"一带一路"国家来华留学生人数约为 38 万人，其中学历教育人数约 22 万人，非学历教育人数约 16 万人，分别占世界各国来华留学总人数的76.54％、84.51％、67.74％。① 可见，中国的来华留学生主要来自共建"一带一路"国家。来华教育不仅可以使留学生学习到相关专业知识和技能，也可以让其学习到中国成功的工业化发展经验和制度，对共建国家产生知识溢出效应，为其提供工业化发展借鉴。

此外，值得一提的是，就发展中国家而言，职业教育尤为重要，且其对职业教育有很高的需求。工业化对职业教育的需求是不言而喻的。联合国《2030 年可持续发展议程》将职业教育列为重要内容。因为职业教育更直接关系到就业和生存问题，相比普通教育具有更贴近民生的特点，尤其对于发展中国家而言这一点更为重要。有研究指出，相比于普通学历教育，职业

① 限于数据可得性，这里的共建"一带一路"国家数据不包括纽埃。

教育对于提高劳动市场中边缘人群的就业和收入可能更有效。因此，在消减不平等和减贫方面，职业教育可能是更有效的手段。但从现实情况来看，发展中国家职业教育存在巨大缺口。发展中国家教育本身就比较落后，职业教育尤其如此，存在着参与率低、公共投入低、教育质量差、技能关联实用性低等问题。"一带一路"倡议为共建"一带一路"发展中国家职业教育发展提供了新机遇。一定时期以来，中国与其他共建"一带一路"国家通过互访、交流、培训、设立平台、合作办学、独立办学等方式开展了多层次的职业教育合作，如比较著名的"鲁班工坊"、海外独立举办的第一所学历教育职业院校"中国-赞比亚职业技术学院"、首个校企合作股份制应用型本科大学"柬埔寨西哈努克港工商学院"等，为相关国家工业化发展提供了人力资本和技术支持。

三、以共建"一带一路"下的中非合作为例 [①]

非洲各国围绕"工业化是发展的核心"这一共识，在过去半个多世纪中，不断致力于规划其工业化路径，发展本国的工业

---

① 本部分案例分析主要摘编自唐晓阳：《激活非洲工业化："一带一路"能带来什么》，《文化纵横》2022年第4期；王进杰：《中非合作工业园区助力非洲工业化》，《世界知识》2022年第17期。

部门。然而，无论是 20 世纪 60—70 年代强调自力更生和"进口替代"的工业政策，还是此后西方援助国促使非洲国家推行的以市场自由化为特征的"结构调整"政策，并照搬"华盛顿共识"，在经济上实行全面的自由化、私有化和市场化，都未能帮助非洲实现工业化转型与持续的经济增长，反而导致其国际市场竞争能力下降。21 世纪，非洲国家进行了新一轮的工业化发展尝试，制订了"非洲发展新伙伴计划"（2001）和"非洲加速工业发展的行动计划"（2007）。虽然在过去 20 年中，大多数年份非洲制造业的绝对产值基本保持增长，但是增速缓慢，导致制造业增加值在 GDP 中的比例反而下降，直到近 10 年才有所转变。而这一时间段正与"一带一路"倡议在非洲的推进与实施十分吻合。

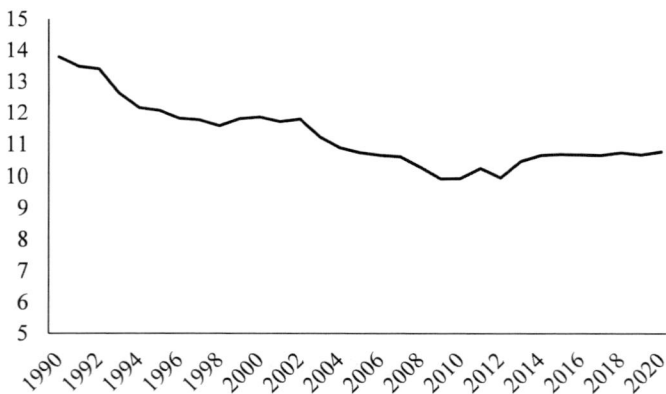

图 5.1　非洲制造业增加值占 GDP 比重（1990—2020 年，%）

数据来源：作者根据联合国工业发展组织（UNIDO）数据制图。

非洲国家在历史上长期作为欧美国家的原材料供应地，大多数国家没有完整的工业部门，即使是现有的工厂，也必须从国外进口大量的机械设备和零部件。当地的电力水力供应也往往比较落后，无法满足大规模工业生产需要。交通设施简陋失修、行政低效和政治地理复杂，导致非洲地区内以及与其他地区间的物资交换流通不畅。由于缺乏实践经验和系统培训，工人的专业技术水平与管理者能力都有待进一步提高。这些因素在多个层面上制约了产业合作分工的深入进行，日积月累，非洲工业与世界其他地区间的差距变得越来越大。

近年来，非洲国家纷纷加强与中国的经济发展合作，学习包括中国在内的多国工业化发展经验，希望以此提升自己的制造业水平，加速工业化进程。"一带一路"倡议提出以来，中非合作进入新阶段。双方互联互通水平加速提高，中国对非洲的直接投资和基础设施投资力度不断加大，承建了公路、铁路、水电站、机场、码头、工业园等大量项目。截至2021年，非洲国家自建或与其他国家共建各类工业园区共计237个，由中国企业参与规划、建设和运营的近60个。工业园基础设施成为非洲工业化的先导，对非洲国家招商引资起到"筑巢引凤"的作用，一些成功的案例包括中国·埃及苏伊士经贸合作区、尼日利亚莱基自由贸易区、赞比亚中国经济贸易合作区、埃塞俄比亚哈瓦萨工业园和德雷达瓦中土工业园、吉布提国际自贸区等。

埃塞俄比亚是非洲国家中最早重视工业园对推动工业化发

展的作用的国家之一。中国企业也参与了多个"埃方出资—外方建设"的合作项目。2015 年中国中土集团中标的哈瓦萨工业园项目是埃塞政府主导投资的首个现代化工业园，之后又有中国企业相继签约孔博查、阿达玛、德雷达瓦等近 10 个工业园项目，确立了中企在埃塞工业园建设中的优势地位。另外，中企承建的"亚吉铁路"将埃塞首都亚的斯亚贝巴至吉布提首都吉布提市的运输时间从七天缩短至十几个小时，铁路沿线地区因此具备了建设工业园的基础性条件。"交通基础设施＋工业园"的集中发展模式在埃塞工业化进程中初见成效，先是带动了铁路沿线经济的发展，接着形成了具有规模效应的"经济走廊"，这被称为"亚吉模式"。吉布提工农业基础薄弱，长期以来 95％以上农产品和工业品依赖进口，而今正借助港口和铁路优势，打造"交通基础设施＋工业园"发展模式。

在赞比亚，中国有色矿业集团设立了谦比希中赞经贸合作区，对在当地采矿的初级产品进行深加工。入园企业大多为有色集团下属企业，覆盖了铜、钴等资源的采选、冶炼、加工各环节的产业链。也有几家民营企业和当地私人企业，提供机修、后勤之类的配套服务。园区的建设与发展使得赞比亚不再简单依赖资源采掘，而逐步向更高附加值的加工产业攀升。有色集团还在赞比亚首都卢萨卡郊外建了分区，根据都市的特点汇聚了食品加工、酿酒、塑料制品等轻工企业。入园企业依托园区提供的水电、交通、安全等服务，摊薄了建厂成本，大大缩短了投资周期。

中国在非洲的工业投资注重生产适合当地市场的产品，从而能与当地的发展水平更好地融合，产生持续性的工业化动力。例如，一位温州商人在 2010 年前后到尼日利亚考察，发现当地大量从国外进口陶瓷制品，他立刻从中看到了商机。因为陶瓷本身价值不高，但重而易碎，不利运输，如果能改为当地生产，会有很大的优势。于是他迅速建起了旺康陶瓷厂，生产的瓷砖随即受到了当地消费者的欢迎，供不应求。十余年来，公司陆续在尼日利亚、加纳、坦桑尼亚、乌干达设立了五家大型瓷砖工厂，贡献了 25％的非洲瓷砖产能。这表明，针对当地市场的工业化并非重复以往的"进口替代"政策的结果，而是以发现被忽视的非洲市场、占据细分领域为主要特征的市场行为。再如，一家来自福建的企业收集当地人喝袋装饮用水后丢弃的包装，处理加工后作为购物塑料袋出售，获利颇丰。这一消息很快引来了不少跟随者，先是有十来家中国企业仿效，后来当地企业也闻风而动，通过他们的中国朋友找到了机器设备供应商，也进入这一领域。新加入的厂家在起初六七年中并没有发生激烈竞争，而是共同把行业蛋糕做大，回收的范围从首都逐渐扩展到全国，产业内也产生了细分领域。当地企业熟悉社会环境，能更好地找到废弃包装袋的堆放地点，它们更多地专注于上游回收和初级处理，雇用了数以百计的废品回收员；中国企业对机器性能和生产工艺更了解，它们就日益投入在技术要求高的后端加工环节。此外，也有不少中国和加纳企业把眼光投向了其他类型的塑料回收与加工。短短几年时间，一家发现了市场机会的中国工厂，在加纳国内带动了整条塑料回收加工产业链和产业集群的发展。

当然，鉴于制度、文化和历史背景不同，双方观念存在差异，中非经贸合作也存在一些障碍。例如，在中国与坦桑尼亚合资的友谊纺织厂中，中方经理的首要目标是提高企业生产效率与利润，确保企业持续发展；可当地政府委派的坦方经理只关心工厂能为当地解决多少就业问题，能向当地政府上交多少税收，能收购多少当地出产的棉花，却对企业自身的运营效益并不在意，因为他们相信中方会继续提供援助，不会让这一历史悠久的项目倒闭。与此类似，在工业园和基础建设的合作中，各方的细分目标也有差别。中方企业的目标更多是自身获利，中国政府工作人员的主要目标是改善双边政治关系，非洲政府考虑更多的是本国的财税收入与就业机会，地方民众则希望得到更多福利。这几者尽管互有联系，也常常会有分歧和冲突。对此，中非双方秉承了"摸着石头过河"的渐进精神，在各方自身的细分目标上充分沟通交流，为了工业化这一大目标适当调整，求同存异，既推动合作项目，又加深理解、促进共识，实现多方共赢。在友谊纺织厂的例子中，中方一方面尊重坦桑尼亚传统，保留大批老员工，并和工会组织积极对话；另一方面则强调企业的市场属性，引入计件奖金制度，引导当地伙伴注重生产效益，而不是只看自身利益。同样，在工业园和基建项目中，中非合作不拘泥于固定模式，而是在追求经济效益长期可持续的原则下注重"双赢"乃至"多赢"，也即能考虑到更多参与方的诉求，愿意牺牲部分短期商业利润来换取更广泛的政治与社会认同。

对非洲工业化内生动力的注重与培养，也是中国自身发展经验的传递，与西方国际发展合作模式有着很大的区别。随着中国工厂、基建等项目在非洲逐步持续地开展，中非双方在实践过程中加深了了解与融合，形成了互动开放、合作共赢的共同体。而"一带一路"倡议所包含的政策内容，以及共商共建共享的原则正在非洲工业化实践中发挥重要的积极作用。

四、挑战与展望

2008 年全球金融危机后，世界经济发展格局发生了深刻变化，全球经济中心逐渐发生转移。中国逐渐成为发展中国家的主要贸易伙伴和资本来源国。共建"一带一路"倡议的推进也增加了发展中国家工业化的道路选择。在面临历史机遇的同时，发展中国家工业化仍存在诸多挑战。

第一，第二次世界大战以来，少数发展中经济体依靠劳动力资源优势发展劳动密集型产业而走上了工业化道路，而当前这种廉价劳动力的比较优势在逐渐减小，且这一道路的窗口期也在缩小。工业 4.0 时代的到来并在全球范围内的迅速扩展使得工业生产效率得到极大提高，这就造成了制造业就业占比在许多国家呈现出下降趋势，其中包括一些新兴工业经济体和工业化初期经济体。而随着智能化、自动化技术的深入发展和应用，制造业对劳动力需求下降、对资本需求上升的趋势将会持续深化。这会使得劳动力充裕而资本短缺的发展中国家通过发展传统劳动密集型产业来实现工业化的能力大幅削弱。这就要求发展中国家转变过度依靠廉价劳动力的工业化发展思路，提高人力资本积累，努力提高技术水平。

第二，绿色发展已经成为全球共识，而绿色发展的成本对当今发展中国家来说可能是高昂的，甚至是无法仅凭本国的力量实现的。18 世纪工业革命以来，人类社会在创造了前所未有的物质财富的同时，也给自然生态环境带来了难以弥补的创伤，环境污染与气候变迁已经成为人类社会发展的巨大威胁。这使得世界各国不得不在发展和环保之间做出微妙的权衡，而这样的权衡对发展中国家来讲无疑是艰难的。如果同时考虑历史的

因素，这种权衡对发展中国家来讲也是不公平的。第二次世界
大战以后，发达国家利用其技术和经济优势，通过向发展中国
家转移低附加值、高污染的行业，加大绿色技术在生产环节的
应用等方式，实现了一定程度的绿色转型。但在技术水平偏低
的情况下"过度地"环境保护无疑会使发展中国家失去低成本工
业化的优势。

第三，良好的资源禀赋并不能为工业化提供保证，一些资
源丰裕型共建"一带一路"国家正在面临"资源诅咒"的考验，其
中包括阿尔及利亚、哈萨克斯坦、尼日利亚等国。这一类国家
如何处理自然资源与工业化的关系，将取决于他们如何应对因
"荷兰病"而导致的对制造业的挤出效应的挑战。如果发展中国
家可以有效地建立理论上所预期的财政联系、消费联系和生产
联系，就可能避免"资源诅咒"的发生。然而，这些联系渠道
一直未能在一些国家的经济发展中建立起来，从而使得"资源红
利"变成了"资源诅咒"。[①]

第四，发展中国家工业化的实现要求其制度体系进行相应
的适应性调整和变迁，滞后的制度建设将对工业化产生阻碍。
发展中国家往往是制度环境有待优化的国家，制度变革的速度
往往是内生而缓慢的，以至于赶不上经济发展的速度，容易导

---

① 郑宇：《全球化、工业化与经济追赶》，《世界经济与政治》2019 年第
11 期。

致制度性交易成本上升，反过来制约了经济的进一步转型发展。因此，发展中国家在结构不断转型发展的同时，应注重制度的适应性变革，降低生产生活的交易成本，提高经济效率。例如，农业劳动力的转移有赖于对劳动力自由流动的保护，技术的创新和进步有赖于对知识产权的保护，社会稳定有赖于合理的收入分配制度，等等。只有在这样的前提下，发展中国家才能实现经济的持续发展，以及与发达国家的趋同。但与此同时也应注意避免不符合本国发展实际地复制他国制度的做法。

最后，21 世纪进入第二个十年以来，反全球化思潮深入发展，国际局势加速动荡，意识形态冲突和国家利益冲突不断，地缘政治与国际关系因素将在经济合作中扮演越来越重要的角色。由地缘紧张局势引起的全球经济风险也在加剧，而基于现行的国际治理秩序，发展中国家在其中只能扮演更被动的角色。这将给发展中国家工业化带来极大不确定性。例如，2022 年俄罗斯与乌克兰的战事是当今世界地缘政治局势紧张造就的主要表现之一，而由俄乌冲突引发的能源和粮食价格的上涨尤其增加了欠发达国家的发展负担。

共建"一带一路"在各类挑战叠加的背景下被赋予了更大的国际发展期待，这也是其为众多发展中国家所积极参与，并为国际社会所广泛讨论的重要原因之一。但即便是无法依靠自己的力量实现工业化，发展中国家的工业化道路选择依然掌握在自己手中。"一带一路"倡议的促进作用也只能在发展中国家结合自身禀赋优势与发展需求和国际经济环境来制定适合本国工业化策略的情况下发挥出来。其中所面临的问题包括如何充分利用技术和知识溢出的机遇积累人力资本，如何在开展能源合作的同时建立起广泛产业联系而不对本国制造业发展产生挤出效应，如何在参与"绿色丝绸之路"建设中实现较低成本的绿色发展、在"数字丝绸之路"建设中弥合数字鸿沟、在"创新丝绸之路"建设中实现技术进步等。只有这些问题得到全面解决，才能最终实现在借鉴中国工业化发展经验、与中国开展广泛发展合作的同时找到适合自身的制度选择和工业化路径。

图书在版编目(CIP)数据

"一带一路"与工业化 / 张坤领著. —北京：北京师范大学出版
社，2023.3
（高质量共建"一带一路"丛书）
ISBN 978-7-303-28851-9

Ⅰ．①一… Ⅱ．①张… Ⅲ．①工业发展－研究－世界
Ⅳ．①F414

中国国家版本馆 CIP 数据核字（2023）第 029276 号

营　销　中　心　电　话　010-58805385
北 京 师 范 大 学 出 版 社　　http://xueda.bnup.com
主题出版与重大项目策划部

YIDAIYILU YU GONGYEHUA

出版发行：北京师范大学出版社　www.bnup.com
　　　　　北京市西城区新街口外大街 12-3 号
　　　　　邮政编码：100088
印　　刷：北京盛通印刷股份有限公司
经　　销：全国新华书店
开　　本：710mm×1000mm　1/16
印　　张：13.5
字　　数：123 千字
版　　次：2023 年 3 月第 1 版
印　　次：2023 年 3 月第 1 次印刷
定　　价：72.00 元

策划编辑：祁传华　　　　责任编辑：吴纯燕
美术编辑：王齐云　　　　装帧设计：王齐云
责任校对：郑淑莉　　　　责任印制：赵　龙